老後まで安心して生きるヒント教えます

～制度や施策を知れば、生き方も変わる～

希望多老人

文芸社

はじめに

この本を手にしてくださったあなたは、さて今、おいくつでしょうか。もう還暦は過ぎましたか？　それとも前期高齢者、あるいは後期高齢者でしょうか？　もしかしたらまだ現役世代だけど、迫りくる老後が心配とこの本を手に取ってくださったのかもしれませんね。

地球上に生きる人間にとって、もっとも平等に与えられているものが時間です。人間は誰しもが毎年一歳ずつ年を取っていくもの。あなたが今何歳であろうとも、一年一年、時間を刻んで一歳ずつ年を重ね、老人になっていくのを誰も止めることはできません。

しかも年を取れば取るほど、少しずつ体が動かなくなったり、物覚えが悪くなったりして、自分はこれからどうなるのだろうと将来がおぼつかなくなってきますよね。私自身もかつては毎日早起きをして、子どもたちの登校する姿を見守ったり、まち歩きをして法令違反ののぼりをチェックしたり、バリバリと元気に社会のために活動して過ごしていましたが、今では足腰が痛んでちょっとの外出も一苦労です。

しかも今の世の中は不安ばかり。ようやく新型コロナウイルス感染症が落ち着いたかと思えば、世界では戦争がはじまり、物価が上がるし、光熱費も上がる。知らないうちにじわじわとお財布は寂しくなるし、稼ぎのない高齢者は年金だけで大丈夫だろうかと不安になります。さらに健康にも自信がなくなってくると、病気になった時、誰が面倒を見てくれるのか。誰に相談したらいいだろうかと、どんどんと心配の種が増えていくのです。

でも、私は思います。心配で頭を悩ますよりも、まだまだ余裕があるうちに、しっかりと準備を整えて、不安の種を一個ずつ、減らしていく方が良いのです。

日本という国に暮らす私たちには、憲法によって三つの義務が課せられ、三つの権利が保障されています。三つの義務とは「教育」「勤労」「納税」。そして三つの権利は「生存権」「教育を受ける権利」「参政権」です。

私は戦時中に幼少期を過ごし、戦後、高校を卒業して十八歳の時に児童養護施設で働き始めました。その後は理事・施設長となり、六十歳の定年までずっと働きました。義務教育を受けて就職し、長年懸命に働いて、税金を納めてきました。十分に日本人としての義務を果たしてきたと思います。

だからこそ大手を振って、権利も主張したい。健康で文化的な生活を営むことを求め（生存権）、国が正しい方向へすすんでいるか関心をもって見守り、時に意見する（参政権）ことです。

今の多くの国民は税金を否応なしにたくさん取られているのに、物申さないばかりか、せっかくの税金の使い道に対してもあまり関心がないように思えます。

国は国民の生活をより豊かにするために、集めた税金を使って行政サービスを行っていますから、私たちは健康で文化的な生活を営むために、その行政サービスを十分に活用する権利があります。ところが行政がどのようなサービスを行っているのか、知らない人が多くいます。また、行政サービスや制度に関して、おかしいな、もっと違う方法があるのではないかな、と思っても口に出したり、行動を起こしたりすることも少ないように思います。

それでは日本という国は、本当の意味で国民のために暮らしやすいまちにならない、というのが私の心配事です。

私は子どもたちが幼稚園に通うようになった三十代はじめから、町内会長をしたりＰＴ

A会長となったり、さらに民生委員や少年補導委員など、仕事とは別に十本の指では足りないくらいの役割を地元で務めてきました。こうした中で、福祉に関わる仕事と地元での地域活動も含めて、さまざまな公的な組織の方々と関わりができました。特に地域の困りごとを拾い上げていく中で、さまざまな行政の支援があることを自然と学んでいくことができたのです。

また、定年退職後は、地域の子どもたちや青少年、高齢者の方々を支援する、ボランティア活動に力を入れ、ここでもさまざまな制度や行政からの支援があることを学びました。

私は戦後、すべてを失った日本が立ち直っていく社会の中で、福祉や行政サービスが少しずつ整っていく経過を見ることができました。今、日本の財政はとても厳しく、なかなかすべての人が望むような支援やサービスが受けられているとは言えないかもしれません。それでも食べるところも住むところもなく、ひもじい思いをしながら路頭に迷う、などということはこの国ではあり得ません。

日本の自治体にはきちんと差し伸べる手があるのです。ただそれが十分に市民に伝わっていないことが問題です。

私がこの本で伝えたいことは、これからの老後をどうしようかと、ただ漫然と不安がっているのではなく、自分自身がきちんと動いて、情報を収集して、安心の手立てを摑んでほしい。この本をその一助にしてほしい、ということです。

そしてもう一つ、いろいろな行政のサービスを知っていくと、おかしな部分も見えてきます。もっとこうしたらいいのになぁ、こんなサービスがあれば、多くの人が安心するのになぁと思うことがたくさんあります。私は長く福祉の世界で仕事をしてきて、また自治体の方々と多く関わってきたからこそ見えてくる気づきがありました。そうした意見はこれまで積極的に発言してきましたが、地方自治という組織の中では、たった一人の市民の声だけではなかなか受け入れられませんでした。ある人に賛同を得たとしてもその上司が反対したり、慣例を変えることを良しとしない組織風土があったり……。良いと思うことであっても、なかなか変化というものに辿り着けないのです。

国会議員さんも、地方議員さんも、選挙の時には国民（市民）の一人ひとりの声に耳を傾けると言いながら、なかなか私たちの小さな声は届かない、というのが長年さまざまなボランティア活動を続けてきた私の印象です。

困ったなぁ、どうしたら自分の声が届くのだろうか……。そう考えた時、私の小さな声に賛同する人を増やして、もっと大きな声にすることだと思いました。

それが、今回この本を書いたもう一つの大きな理由です。


高齢者の方々や、これから高齢を迎える人たちに、安心できる情報を提供すること。そして今ある環境をこのように変えればみんなの未来はもっと良くなりますよ、という私の提案を知っていただき、賛同していただくことができれば、それが大きな声となって行政に届き、自分たちの住むまちや地域をもっと暮らしやすいものにすることができます。

それを目標にして、この本を書きました。

皆さんもどうぞ、この本を通じてわが身のことはもちろん、行政や制度の今も知り、自分らしく楽しく、そして安心できる未来に向けて一緒に考えていきませんか！

目次

第六章　高齢化時代を生き延びる　137

第七章　未来に残したい思い　165

おわりに

第一章　〝市民の声〟って何だろう

暮らしやすいまちづくりは市民の権利

当然のことではありますが、私たちが日本という国で暮らすためには国内に住居が必要です。家を購入するにしても借りるにしても、雨風がしのげ、ゆっくりと眠れる場所があって、朝昼晩の食事ができる、人として生きるベースとなる住居です。そしてそこで毎日を暮らすこととなった時、住まいに付随して住所を持つことができます。

このように日本で普通に暮らしている限り私たちは、自分はこの場所に住んでいるという住所を誰もが所持しています。当たり前すぎて気づいていないかもしれませんが、住所があるということは、あなたはどこかの都市の構成員＝市民だ、ということになります。

なぜこのようにめんどうくさいことを言うかといえば、皆さんは誰もが自分が暮らしている地域の〝市民〟であるということ、その権利と責任を持っていることをまず自覚していただきたいと思うからです。

日本はバブル崩壊後、何十年も厳しい経済環境にさらされてきました。昭和、平成、そして令和の時代の流れの中で少子高齢化が進み、国際的な存在感は弱まり、未来への不安を抱えている若者も多いと言います。日本という国自体に対して、不安を募らせる国民も多いことでしょう。しかし世界全体へと目を移せば、今や戦争や地域での紛争、難民問題、食糧不足など、さまざまな問題に苦しめられている人たちがたくさんいます。戦後の厳しい時代を体験した私たちから見れば、衣食住に困らない現代の私たち日本人の暮らしは、十分に恵まれたもののように感じます。

ただ、だからといってそれに満足しているわけではありません。まだまだ改善してほしいこともありますし、これから少子高齢化がどんどんと進んでいく中で、これまでになかった日本社会というものが築かれていくわけです。だからこそ自分たちがどんな国でどのように暮らしていくかは、行政任せにせず、一人ひとりがみんなで考えていかなければならないことでしょう。

そして何よりも大切なことは、そうした声を上げる権利が、私たちにはちゃんと与えられている、ということなのです。

歴史を振り返れば、戦後、日本国憲法が公布されてから七十七年以上が経ちました。日本国憲法では国民主権を原則とし、地方自治が保障されています。国民は、お国に命令されて動くのではなく、私たちが声を上げて、自分たちが理想と思われる暮らしを築いていく。まさしく市民参加の国づくりがスタートしたのです。

　具体的な日本における市民参加の歴史は、一九六〇年代後半から七〇年代初頭に始まると言われています。まさしく高度経済成長期全盛の時代、国民の所得もどんどんと上がり、物質的豊かさを享受できるようになりました。しかしそうした経済発展は、負の部分も浮き彫りにします。都会への人口集中による住宅問題や交通問題、重化学工業化による大気汚染、公害問題、自然環境破壊などです。

　そうした不満に対して声を上げる市民たちが徐々に増えていき、また志を共にする人々が集まって行動を共にするようになるとその運動が大きなうねりとなり、政治や行政にも影響をもたらすようになっていきます。その結果、住民の声に支持された首長が選出されるようになり、市民の持つ声が自治体運営に対して一定の力を持つことが認識されるようになりました。

　しかし、時代が昭和、平成、令和と移り行く中で、〝市民〟の立ち位置も、また行政にとっての〝市民〟の捉え方も、徐々に変化していきました。

　特に二〇〇〇（平成十二）年四月に地方分権一括法が施行されると、各自治体の自己決定権の裁量が広まり、全国各地に自治体基本条例や市民参加条例の制定がされました。これにより地域特性や市民ニーズに対応したまちづくりが可能となった、地方自治の大きな転換期だと言われています。

現在では多くの自治体の首長は、「市民が主役のまちづくり」を公約に掲げ、多様なチャンネルを活用して市民の声を吸い上げ、市民のニーズを引き出し、自治体運営に活かしていきたい、と謳っています。

とても素晴らしいことです。では本当に私たちの〝市民の声〟は自治体に届き、社会を変える一助となっている……のでしょうか。

「請願」「陳情」「市民の声」とは

私たち市民が行政に対して自分たちの意見や要望を届けるには、一般的には「請願」「陳情」「市民の声に投稿する」という三つの方法があります。また各自治体によっても異なりますが、「市長への手紙」など、直接行政のトップに意見を届けるような仕組みを整えている自治体もあります。

「請願」「陳情」は、その地域の市政等に関する意見や要望を議会に対して述べることができる制度で、市民であればだれもが提出することができるものです。

「請願」と「陳情」の違いは、「請願」では請願書を提出するためには議員の紹介が必要となるため、提出前に議員に請願の趣旨を伝え、一名以上の紹介議員が必要です。それに対して「陳情」は、議員の紹介がなくても提出する事ができます。

提出された「請願」「陳情」は議会で慎重に審査して採否を決定しています。その結果、採択（寄せられた意見や要望を区政に反映すべきであると判断）されたものについては、首長に対して通知し、その実現を要請することとなります。

「請願」は国民に認められた憲法上の権利の一つで、「陳情」もそれに準じたものとされていますので、議会はそれを拒否することはできません。しかし現実には議員さんや議会はこうした一つ一つの市民からの要望をすべて受け止めて〝慎重に審査〟することはほとんどありません。よほど社会を揺るがす大きな問題や、世間で話題になったりでもしなければ、なかなか真剣には向き合ってはくれないのが現実です。

私自身、何度か知り合いの議員さんに「陳情」をしましたが、「はい、わかりました」と受け取ってはくれるものの、結局は留め置かれてしまうものがほとんどです。

また、内容によっては「陳情」や「請願」のように議会にかけるほど大事ではないけれど、こうしたことを伝えたい、お役所の担当部署で検討してほしい、などといった内容のものもあります。そうした際には「市民の声」を活用する方法があります。

では「市民の声」とはどのようなものなのか。

私たちは毎日の暮らしの中で、いろいろなことに気づきがあります。例えば道路にはみ出した店舗ののぼり旗――見通しを悪くして危険だなぁ、行政は指導をしないのだろうか。「もっとこうしたらまちが良くなるのに」「私たちが暮らしやすくなるのに」といった提案なども市民の声として積極的に上げて、まちづくりに貢献する方法です。

特に近年はインターネットの発展によって、自治体のホームページを活用して、市民の声が届けやすい環境が整ってきました。

名前は多種多様ですが、今では多くの自治体で導入されている「市民の声」の仕組みについて、私の住む自治体の例から見てみましょう。

まず市の公式ウェブサイトにアクセスして、市民の声を検索してみます。すると市政相談「市民の声」の案内ページが開き、次のように書かれています

「市民の声」について
「市民の声」では、市政に関するご意見・ご提案、担当部署や相談窓口がわからない場合のお問い合わせやご相談（困りごと）を受け付けています。
また、ご相談（困りごと）は、各種相談窓口等の連絡先をご案内しています。ご相談の内容がはっきりしている方やお急ぎの方は相談窓口をご確認いただき、直接ご連絡をお願い致します。

また、「市民の声」にて受け付ける内容については、三つの条件が記載されています。

①市政に関する内容であること。
②市の業務にかかる法律違反その他不正行為の通報ではないこと。
③担当部署がはっきりしていないこと。

また、次の六つを禁止事項としています。
ア　特定の個人・団体等の誹謗中傷に終始するもの
イ　営利・営業活動として寄せられたと認められるもの
ウ　趣旨が不明のもの
エ　アンケート等の依頼として寄せられたもの
オ　情報公開請求等、他の制度によることが適当であるもの
カ　本市職員（会計年度任用職員を含む）にかかる告発等に関するもの
その他制度の趣旨にそぐわないもの

［行政機関のホームページより抜粋］

受付方法は、ホームページから投稿フォームに記入・電子メールでの送付のほかにも、郵送やファックスでも受け付けており、パソコンやスマートフォンの苦手な人でも幅広く受け入れられるようにされています。

「市民の声」を上げてみた

私も自分が暮らすまちをもっと住みよくしたいと、これまで「市民の声」の仕組みを活用して、いくつもの声を届けてきました。どんな質問に、自治体はどのような回答を寄せるのか。その例として質問内容とそれに対する回答の一部をここに掲載します。

■交通安全に関して

提案内容　**のぼり旗・置き看板**

お尋ねします。道路は人や車が通行するための物です。置き看板・はみ出し商品、のぼりなどを道路に置くことは禁止されています。

①のぼり旗＝「○○○」「○○○」等々
②置き看板＝「お店の宣伝」
③信号機に「のぼり旗」「低看板」の設置

①②③の場合、屋外広告物条例違反。

③の場合、罰則規定はありますか。警察に通報してもよろしいでしょうか。

回答

③の場合は、「信号機」は、公安委員会が設置しているものと思われますので、所管する警察署にお問い合わせください。

提案内容　自転車の歩道通行

①自転車が歩道を通行できる場合の「標識」の設置場所規定はありますか。

②歩行者と自転車で、歩道の色分け表示を考えてみたらどうでしょう。

③歩道通行可の場合、自転車は車道側の通行を徹底してほしい。

回答

自転車は「車両であり車道通行が原則」であるため、車道における整備をすすめています。自動車の歩道通行ルールについて、警察等関係機関と連携して、周知啓発に努めてまいります。

提案内容　ハンドアップ指導について

交通指導員さん、何度お願いしても、ハンドアップ指導を行っていただけません。

回答

手上げ横断につきましては、各種研修会において、交通規則が改正され、手上げ横断の記載が復活したことや、ハンドアップ運動の趣旨について説明し、児童生徒への指導を実施するよう伝達しています。ご指摘を踏まえ、ハンドアップ運動のさらなる推進に努めてまいります。交通安全教育については、今後も自治体の責務として推進してまいります。

■地域活動について

提案内容　町内会活動について

町内会が機能していません。町内会が機能しないと、地域はよくなりません。

回答

町内会は地域に居住する方々が自主的に加入し、運営する住民自治組織で、行政が町内会の運営やその取り組み方などに直接関わることは、住民が主体的に組織した任意団体に介入することになるため、住民の皆様の話し合いによって合意形成を図るものと考えております。そこで本市ではそれぞれの地域に合った形で進めていただけるよう、町会・自治会運営ハンドブック等を公開しているところです。ご提案は参考にさせていただきます。

提案内容 **回覧板の配布**

行政関係の回覧物は、全世帯配布と違いますか。町内会に入っていないと回覧しないとはいかがなものでしょうか。区政協力委員のお仕事では、市内八割の地域が区政協力委員と町内会長が兼務していると聞いています。

回答

行政関連の回覧物については、市からのお知らせを広く市民の皆様に周知するため、区政協力委員を通じて町内会や自治体の回覧板等でチラシ等の回覧をお願いすることがありますが、市や区役所等からのお知らせを各区役所のウェブサイトから「電子回覧板」としてご案内する取り組みも実施しており、そちらでもご覧いただけるように対応しております。

提案内容 **安心・安全で快適なまちづくり条例**

「安心・安全で快適なまちづくり条例」の設定の趣旨、ねらいは何でしょう。また、条例を進める各区役所の担当部署はどこですか。現況はどうなっていますか。

回答

「安心・安全で快適なまちづくり条例」につきましては、

●安心・安全で快適な環境に関する地域の身近な課題について、市民、事業者および市がそれぞれの役割分担の下、協働して取り組みを進めることによって。安心・安全で快適なまちの実現を目指すことを目的としています。

●各区役所の地域力推進室が担当部署になります。

●現況につきましては、安心・安全で快適なまちづくり条例の目的に基づき、犯罪の多発やなくならないごみのポイ捨てなど、安心・安全で快適な環境に関する地域の身近な課題について、市民・事業者・市がそれぞれの役割のもと、協働して取り組んでいるものと認識しております。

提案内容　**子ども会の資源回収**

子ども会の資源回収について、道路管理課から青少年家庭課に見直しのお願いがなされました。区の子ども連合会では、実施の要綱、注意関係の取り決めを行いましたが、条例違反の行為がありました。交通事故にもなりかねない出し方です。登録抹消はできませんか。厳重に注意し、始末書は取れませんか。いかがしたらよいでしょうか。

回答

集団資源回収は、市民の自主的な活動であり、道路上で回収を行う場合の留意事項などについての注意喚起を行うことはありますが、始末書を取る権限は環境局にはありません。注意喚起は現在も通知にて行っており、今後も引き続き行っていきます。

■子どもの問題について

提案内容　児童虐待問題

令和五年二月に二歳児の児童虐待死事件がありました。同種の事件が起こらないように、対策は行っていますか。

●児童相談所について

数は十分ですか。

児童福祉司、現状で満足していますか。

児童福祉司のプロ化が必要に思いますが。
一時保護所、現状で満足ですか。
●地域の児童虐待の取り組みを具体的に教えてください。
●民生委員、児童委員、主任児童委員の、児童虐待関係の知識、活動は十分でしょうか。どなたが指導しますか。どの範囲までが担当分野になりますか。

回答

なし。

■高齢者問題について

提案内容　老人ホームの対応

四月一日に開所予定の特別養護老人ホームに電話でお尋ねしました。建設中でわからない、職員のどなたも説明できないでは困ります。行政は、建築前に指導しないのですか。基準に達していれば認可するのですか。

回答

新たな施設を開設する予定の法人に対しては、開設予定の施設についての基本的な説明を、職員の方が対応できるようにしていただくことをお願いしております。ただ、施設の設備面等については、建築前に図面により設備基準を満たしているかを確認すると共に、基準以外の部分についても助言を行っております。

提案内容　**介護・認知症予防サロン**

厚労省が推奨する「介護・認知症予防サロン」の運営で、入札なしで市の社会福祉協議会が予算を持っていったのはなぜでしょう。その財源で各社協にサロン担当者を配置したにもかかわらず、サロンは実施されていないのではありませんか。

回答

なし。

届いていますか？「市民の声」

私はこれまでに百件以上の「市民の声」を市に届けてきました。しかし回答をいただけるものはほんのわずかで、多くは回答なしで放置されたままです。当然、回答しにくいものもあるでしょうし、なかには答えたくないものもあるのかもしれません。それでもそのまま放置は納得いきません。それは市民の声を無視していることに外ならないからです。

昨今の新型コロナウイルス感染症での対応において思い浮かぶのは、国の取り組みはもとより、個々の地域によって感染症の広がりに差異があったことから、自分の住む地域の首長がどのような対応をするかを多くの市民は注目しました。さらにワクチンはいつから受けられるのか。飲食店への規制はどのように行われるのかなど、各自治体の対応も着目されました。

このコロナ禍において、改めて首長や自治体がどれだけ私たちのために行動してくれるのか、してくれないのかを私たちは目の当たりにすることができました。これまでの何十年で、これほど各地域の首長たちの言動が注目されことはなかったのではないでしょうか。

まさしく生死を分けるパンデミックが生じた際、私たち個々の力は微弱です。一人でワクチンは打てませんし、コロナウイルスに感染して医療の手助けがなければ命を落としてしまうかもしれません。その取り組みがうまくいったにしても、いかなかったにしても、私たちの暮らしが行政に大きく関わりのあることを改めて知る機会ともなりました。

これは私たちにとって、行政の活動を考える上でとても貴重な経験となったとは思いませんか。

今、日本では人口減少や少子高齢化などの問題を抱え、また住民の価値観や生活様式の多様化の中で、自治体は市民の満足度の高いまちづくりを進めていかなくてはなりません。そのためには市民の声をしっかりと聞き、それを市政に活かしていくことが必要なのです。

先に述べたように、地方自治体は満足度の高いまちづくりを目指すうえで、市民との良好な関係が求められます。そのためには、市民たちの思いを政策形成に活かす役割を担い、広く市民の声を集めること。「市民の声」の役割はとても重要です。

各自治体の首長はもとより、選挙ともなれば各議員たちも声を合わせたように「市民の声に耳を傾けて……」「市民の声を代弁して、市民のためのまちづくりを……」などと言います。しかしそれは、選挙の時だけの宣伝文句のようにも私には聞こえます。

「市民の声」は市民と行政をつなぐための不可欠な仕組みでありますが、現実にはほとんど機能していないのではないか、というのが私の実感です。

「市民の声」にはいろいろな声が集まりますが、クレーム処理ではありません。市民が日々の暮らしの中で、行政の取り組みについての気づきや意見を提供する場だと考えています。ですが現状では、個々の意見に対して、「市ではこうやっています」とか、「ご意見を真摯に受け止めます」といった回答ばかりで、市政へ反映させようという姿勢がまったく感じられません。

自治体の課題として、個別の「市民の声」を集積して市民からはどのような意見が寄せられているかデータとしてまとめて分析すること。また「市民の声」がどのように処理されているのかをもっと〝見える化〟してほしいと思います。

現状では、市民の皆さんからの声をちゃんと聞いていますよ、という姿勢だけを見せていて、中身はほとんどありません。誰がどのようにして処理したかもわからないブラックボックスに入れられて、出てきた回答は毒にも薬にもならない無味無臭の回答になっているように感じます。

その結果、市民からの声は届かず、行政は自分たちのやりたいように、やりたい方向で進んでいっているように市民には感じられます。それは市政に携わる者たちの責任であると同時に、それを放置してしまっている私たち市民の責任でもあるかもしれませんが。

第二章　暮らしの安心を手にする方法

自治体の冊子は宝の山

私は昭和三十年代からずっと児童福祉の仕事に携わってきました。その時代からみると、日本の社会福祉は大きく変化してきたことを実感させられます。

戦後、制定された日本国憲法の第二十五条【生存権、国の社会的使命】・第二項では「国は、すべての生活部面について、社会福祉、社会保障及び公衆衛生の向上及び増進に努めなければならない」と規定されています。

かつては生活に困ったり、病気やけがで働けなくなったりすれば、家族や親せき、地域の人たちが助け合ってきたものですが、こうした慈善や相互扶助のみでなく、国の責任として、人々の暮らしや健康を向上させるための取り組みをしなければならないという規定です。この法律によって国は福祉行政を推進し、その実質的な担い手が地方行政であるといえましょう。

このため自治体では市民を対象とした福祉サービスが提供されるようになりました。子ども、女性、子育て世帯、単身者、高齢者などを対象にしたさまざま行政サービスが展開され、私たちは希望するサービスを受けることができます。

地方自治体にはさまざまな役割がありますが、総じていえば、市民のために地域課題を解決し、より良い暮らしを行うために行動することが求められています。ですから自治体には、市民のより良い暮らしの支援のためのサービスを整える義務があります。

こうしたサービスに関して、意外と知らない人が多くいます。特にこれまで行動範囲は会社と自宅の往復だけ、地域や地元のまちへの関心が薄く仕事中心だった人たちは、地域の情報にあまり詳しくない傾向にあるようです。そこでまずは自分が住む自治体では、どんなサービスがあるのか。そうしたことに関心を持つことが大切です。

各自治体では、市民に対してどのようなサービスを行っているかをお知らせする役割があるため、各自治体によって異なりますが、『暮らしの便利帳』『くらしのガイド』などの名称で、その地域の暮らしに役立つ生活の情報をまとめた冊子を発行するのが一般的です。基本的には転居者向けに、新しく住むまちの情報を提供するもので、市役所などで無料で配布していますが、今は自治体のホームページからダウンロードすることも可能です。これ一冊あれば基本的には暮らしに困ることはありません。

転居者用と言っても、行政のサービスも年々変化していています。以前は行われていなかったサービスが、新たに誕生していることも珍しくありません。もちろん新しい情報は回覧板や広報誌などでもその都度発信しますが、目にした時には必要としなくて関心がなかったために忘れてしまった、という状況も多々あるでしょう。

こうした冊子では防災情報や子育て情報、ゴミの出し方やお役所での手続き、さまざまなトラブルに対する相談窓口などについて知ることができます。まさに生活の困ったことを解決するための手引きを無料で入手することができるのです。

私はこれまで福祉や教育に関わる活動を長く続け、お役所に足を運ぶことも多くありましたので、「こんな時には、市のこうしたサービスが活用できるな」と、ぱっとひらめくことが多くあります。しかし一般の市民の方たちは、なかなかそうした情報を得る機会が少ないため、自分の困りごとと自治体のサービスが一致しない場合が多いようです。

特に高齢になると、自分一人では大変なことや、できないことも多くなってきます。そんな時に、やはり安心して頼ることができるのが、公共のサービスなのではないかと思います。

国が何もやってくれない。行政サービスが十分ではない、と文句を言う前に、自ら情報を取りに行く姿勢こそが必要です。

手元になければぜひ役所に出向いて入手しましょう。便利なこと、助かることなどがたくさん隠れている暮らしの宝の山ですよ。

今こそ再評価したい町内会・自治会の役割

かつては地域で暮らす上で、町内会・自治会は欠かすことのできない存在でした。子どもの行事や青年会の集まり、高齢者の集い、それに地域のお祭りや運動会など、各年齢層での交流やまち全体が盛り上がって地域の一体感を高める人々との関わりが、自分たちが暮らすまちの活性化にもつながっていました。

しかし大家族で暮らす家庭が少なくなり核家族化、単身世帯などが増えることで地域との交流が減り、近年では〝町内会・自治会不要論〟を声高に主張する人も多くなっていると聞いています。

では、本当に町内会・自治会は不必要でしょうか。私は少子高齢化がすすむ現代だからこそ、改めて町内会・自治会の良さを再確認し、市民全体でより良い町内会を作っていくことが大切だと主張しています。

皆さんもぜひ一緒に、町内会・自治会の持つパワーについて改めて考えてみませんか。

まず町内会・自治会の役割とは何かについてから考えてみましょう。

町内会・自治会とは、一定の区域に住所を有するなどして地縁に基づいて形成された団体（自治会、町内会、町会、部落会、区会、区など）を言います。区域の住民相互の連絡、環境の整備、集会施設の維持管理等、良好な地域社会の維持を目的としています。主だった活動としては、次のようなものがあります。

●交流・お祝い……夏祭り（盆踊り）、敬老、成人、七五三などの祝い、運動会、ラジオ体操、高齢者サロン
●防災・防犯……防災訓練、防犯灯の設置、防犯パトロール、交通安全
●青少年健全育成……子どもの登下校の見守り活動、子ども会活動の支援、あいさつ運動
●その他……清掃活動、資源回収、回覧板、情報共有、行政機関への要望

町内会の多くは任意団体であることから、法律上入会を強制することはできません。そのため近年、地域の関係性が薄れ、町内会へ参加しない住民も増えてきています。

そうした中でどうして町内会・自治会が大切なのかというと、私は「地域とのつながり」「〝いざ〟という時の安心感」「身近な協力者」「お互いさま意識」の四つのキーワードをあげたいと思います。

さらに少し具体的に言うと、次のようなものが考えられます。

●地域とのつながりが生まれる。
●地域の情報が簡単・確実に得られる。
●自主防災組織等の行う災害対策に参加できる。
●町内会・自治体という組織を通じて行政に要望ができる。
●ご近所同士の顔見知りの関係ができ、防災・交通安全・福祉など、身近な協力者が得られる。
●子どもの健全育成（楽しい行事への参加・新しい友達ができる）。

地域にはさまざまな人が暮らしていますが、子どものいる世帯や高齢者世帯であれば、周辺に〝いざ〟という時に協力してくれるという安心感、単身世帯では地域とのつながりができること、留守の多い世帯であれば、周辺の見守りといった安心感があると考えられます。

　特に少子高齢化が進むと、まちに人が減ってきます。子どもたちの登下校時などの見守りも、町内会・自治体の活動を通じて住民同士が顔の見えるお付き合いをしていれば、ふだんの暮らしの中で子どもたちの登下校に目を留めたり、声掛けをしたりして安全を守ることができます。

　また高齢者の方たちが身近に暮らしていることをまわりの住民が意識することで、「あら、最近顔を見ないけれど大丈夫かしら……」などと気にかけるようにもなり、孤独死などの予防にもつながります。このように地域の住民のネットワークが自然に広がっていくためにも、町内会・自治会は大きな役割を果たしているといえましょう。

町内会の健全な運営について

近年、町内会・自治会活動が低調であるのは、かつてのように地域の助け合いの意識が薄れているからかもしれません。同時に町内会・自治会が支持されないのは、さまざまな問題があるからだとも指摘されています。

たとえば入会を拒否した人に回覧板を回さなかったり、自治体の行事に関する情報を伝えなかったりするなどの嫌がらせを受ける。忙しいので役員をやりたくない。町内会に個人情報を伝えるのが不安。会費の使い道が明確でない、などなどです。また、地方のように人の出入りが少ない地域では、古くからの住民が同じ顔ぶれで町内会・自治会の運営をしているため、新しいメンバーが入りにくい、ということもあるようです。

私は、町内会・自治会がしっかりと正しく運営していくために大切なことは、透明性の高い誰にもわかりやすい町内会・自治会であることだと考えます。そのためにはしっかりとした規約を作り、それを守る活動をすることです。

「規約」は会が協議し決めたルールを明文化したものです。明文化することでその時々で都合よく解釈されたり、特定の人だけにメリットを生むような個人的な判断がされないよう、公正に会を運営するためのルール作りです。

自治体でも規約のひな型が用意されていますので、ぜひ参考にするとよいでしょう。

一般的な町内会・自治会の「規約」には、〈名称及び事務所〉〈目的〉〈区域〉〈会員〉〈役員の種類〉〈役員の職務〉〈総会〉〈総会の審議事項〉〈総会の開催〉〈総会の定数と議決権〉〈役員会〉〈役員会の開催〉〈資産の構成〉〈資産の管理〉〈会計及び資産台帳の整備〉〈事業計画及び予算〉〈事業報告及び決算〉〈会計年度〉〈規約の変更〉などの項目があります。

特に役員の種類やその任期、総会のルールなどは後にもめやすい内容も含んでいますので、しっかりと具体的に明文化することが求められます。

こうした機会を活用して、運営する側は誰からも信頼される組織としての在り方を今一度見直してみることも必要です。

先にも述べたように、町内会・自治会の活動は、自然と人と人をつなげていく力があります。地震や台風、豪雨など、予測できない自然災害も増える中で、近隣の人たちとの関係づくりは、自分たちの命を守るためにも心がけたいものです。

長年培われてきた地域のコミュニケーションづくりの一端を担う町内会・自治会。そこには確かな役割が今も存在します。あなたもそのネットワークを活用し、よりよいまちづくりの一員となることをおすすめします。

『安心・安全快適なまちづくり条例』とは

住みよいまちづくりは、市民だけでも、また行政だけでもできません。市民と行政が力を合わせて安心、安全で快適な環境づくりをしていこうという共通認識こそが良いまちづくりの取り組みには欠かせません。

私の暮らす名古屋市ではこうしたまちづくりを実現するために、『安心・安全で快適なまちづくりなごや条例』があります。

この条例は、安心、安全で快適なまちの実現をめざすため、市民、事業者及び市が協働して安心、安全で快適な環境に関する地域の身近な課題に取り組むためのもので、二〇〇四（平成十六）年十月十三日に公布されました。主な内容は、次のようなものになります。

［安心・安全で快適なまちづくりなごや条例］

●安心、安全で快適なまちづくりについての基本理念並びに市民、事業者及び市の役割を定めます。

●安心、安全で快適なまちづくりに関する市民活動を推進し、地域課題について総合的に取り組むための組織の整備について定めます。

●安心、安全で快適なまちづくりに寄与した市民、事業者、団体等を顕彰できることとします。

●安心、安全なまちづくりを推進するための取り組みとして、犯罪の防止、違法駐車等の防止、自転車等の放置の禁止、自動車の放置の禁止及び交通事故の防止について定めます。

●快適なまちづくりを推進するための取り組みとして、動物の飼主等の責務、ごみのポイ捨て等の禁止、喫煙者の責務、空地の所有者等の責務及び落書き等の禁止について定めます。

●特に必要があると認める地区を路上禁煙地区として指定することができ、その道路上で喫煙した者に対して二万円以下の過料を科すこととします。
●交通死亡事故が多発した場合の措置について定めます。
●雑草の除去について、空地の所有者等に対して指導若しくは助言又は勧告をできることとします。
●落書きをした者に対して、必要な措置を講ずるよう勧告し、又は命令し、それに従わない場合には、その旨を公表できることとします。
●この条例と他の条例との関係について定めます。

※「安心・安全で快適なまちづくりなごや条例」より一部抜粋

こうした条例は名古屋だけでなく、各都道府県・市町村の自治体によって制定されています。この条例の大きな特徴は、市民、事業者、行政が一体となって、市民の安心・安全を守るための活動を協働することを謳っている点です。このように他人頼みではなく、自らも市民の一人として、行動することの大切さをこの条例は教えてくれています。

地域を元気にする活動事例

■あいさつ運動

「おはようございます」
「こんにちは。今日はいい天気ですね」
「おばあちゃん、今日は体調よさそうだね」

一昔前にはご近所で当たり前のように聞こえていた声が、最近ではほとんど聞かれなくなりました。最近の大人は、人と会っても挨拶もしません。知り合いと道でばったり会っても、軽く頭を下げて会釈する程度です。そんな大人の姿を見ているから、子どもだって同様です。まちに人の声がすっかり聞かれなくなってしまいました。

あいさつは人と人とを結ぶ大切なコミュニケーションツールです。それを忘れてしまった時、まちは人とのつながりを失ってしまうのではないでしょうか。

あいさつ運動・広めよう

親子の絆

参加組織の店員さん
家庭に「小さな親切」八カ条を「子ども」の
見える場所に掲示したそうです。
あいさつが、出来るようになりました。
感謝です、ありがとうございました。

優先席

「人が困っているのを見たら、手つだってあげまし

JR・地下鉄の「優先席」で、親切に、高齢者に
席」を
「ゆずられる方」がいます。　高齢者は「無言」

スーパー

お客様の「声」、よく読んでみると、おもいあたる
ふしがある。
入店して、整理等のおじさん「怖い顔」
店内で「捜し物」余計な事聞くなの顔
レジの女性の対応、様々　　割り込み危険　等々
あいさつ運動で、解決し、楽しい買い物出来るスーパ

地域効果

「小さな親切」八カ条
よくお読み頂き、1条づつ実行して行くと
快適家庭、朗らか家庭、家庭円満
地域では、あいさつから「仲良しこよし」
住みよう地域、住みたい町内になりませんか。

不審者が侵入

知らない人が突然訪問しました、怖そう・・・騒ぐから問題
が起こるのでは不審者に、こんにちは、良くおいで下さりました、
今「お茶入れます」ゆっくりくつろいで下さい。とあいさつしたら

小さな親切運動　緑区支部
地域密着・地域貢献　　中部ケーブルネットワーク株式会社東名局
事務局
〒458-0910　　名古屋市緑区桶狭間森前１７０３
福祉コンサルタント　　　小野碩鳳
TEL.FAX ０５２−７５５−３３４８　E:mail:so-123ono@me.ccnw.ne.jp

あいさつ運動と地域社会

第3の人生を「あいさつ」アドバイザー
人生の「宝」で、生涯幸せいっぱい

「あいさつ」アドバイザーて、何・・・
小さな親切運動本部の新しい取り組みです。
- ● 資格は、過去の経験、学校の先生、行政のかた、地域活動家等
- ■ 小さな親切運動本部が研修を行います。価値のあるボランティア
- ★ その地域、その場その場の「あいさつ」の仕方や「あいさつ」アレンジ
- ★ 「あいさつ」運動は、家庭、地域、学校等々の連携からの効果
- ★ 地域の協力者は、どんな役職の方か、お願いの仕方
- ★ 各方面に承知の方法及びアピールの仕方
- ★ 親切運動の各種活動のお知らせから指導
- ★ 高齢者の生きがいと、新しいお友だちが出来ます。
- ★ 地域の人気者　　地域のアイドル　　あいさつ有名人　家族の誇り

「あいさつ」アドバイザーになって
- ★ 見聞をひろめ、接客、積極性や社交性があがった。
- ★ 笑えて泣けるテクニックが大反響
- ★ 泣きながら笑う技と怒りながら信じるコツが上達
- ★ 「あいさつ」の達人を目指す
- ★ 子どもたちに人気者が、地域の人気「あいさつ」おじさん・おばさん
- ★ この地域は、他の地域と一寸　ちがう
- ★ 感謝される　　人生の喜び　　宝物

それは、「小さな親切」八カ条　　みんな参加しています。
- ★ 空港で「お聞きしたい」「頼みたい」場合
比較的、美人とはいいにくい女性に、声掛けること。
「こんにちは」あなた素敵ですね、一寸教えて頂けますか・・・
「親切」「丁寧」「おもいやり」バッグン　　謝謝！　謝謝！
「ビックリする美人」に、尋ねた場合は
実験して見て下さい。
多分、この人に「あいさつ」教えるのは至難の業か・・・

小さな親切運動　緑区支部　中部ケーブルネットワーク株式会社東名局
事務局　〒４５８−０９１０　　名古屋市緑区桶狭間森前１７０３
あいさつコンサルタント　　小野　碩鳳
Tel.Fax　052-755-3348　　　E:mail : so-123ono@me.ccnw.ne.jp

そんな古くからのあいさつの習慣を見直そう、復活させようというのが〝あいさつ運動〟です。実はその歴史は古く、一九六三（昭和三十八）年に公益社団法人「小さな親切」運動本部が推奨したのが始まりで、地域組織が結成されて全国へと広まりました。小さな親切運動本部では、その活動の中であいさつの大切さを伝え、全国の学校などであいさつ運動を積極的に広めてきました。

もう五十年ほども昔になりますが、私がＰＴＡの役員をしていた頃は、教職員やＰＴＡ役員、保護者などが一丸となって取り組み、登校時に校門の前に立って元気にあいさつをすると、児童も元気にあいさつを返してくれるようになりました。毎月一回、実施日を決めてあいさつ運動を展開すると、児童たちもふだんから自然と声を出してあいさつをする習慣が身につきます。すると学校の雰囲気もとても明るいものとなっていきました。

近年でも小学校や中学校などではあいさつの大切さが評価され、積極的にあいさつ運動に取り組んでいる学校もあります。しかし二〇二〇（令和二）年に国内でも新型コロナウイルスの感染が広がり、声出し厳禁の日々が続いたことですっかり下火になってしまいました。

でも、だからこそこうした時代に、私はあいさつ運動の良さを改めて再認識してほしいと思います。

あいさつをすると、お互いの顔に笑顔が浮かびます。笑顔になると、気持ちが元気になります。あいさつを交わした同士、ちょっとだけ心の距離が縮まります。地域で人と人との距離が近くなって絆ができれば、不審者の発見や危険防止にもつながります。まちの防犯や子どもたちの見守り、高齢者の孤立なども防ぐ効果があります。

このようにして学校だけでなく、大人同士も近所の人たちと会った時、犬のお散歩の時など名前は知らなくとも顔見知りの方であれば、あいさつをする習慣が自然とできていったら素晴らしいなぁと考えています。

そうすればいつのまにかあなたの住むまちが、明るい犯罪のないまちになっていることでしょう。

■サロン活動

〝サロン〟とは、地域住民の自由な自主活動として、地域各所で開かれる集いの場です。

また、地域を拠点として住民同士が共同で企画し、運営していく仲間づくりの活動でもあります。

一九九四年（平成六年）から全国社会福祉協議会が中心となり、地域の人々がいきいきと暮らすための活動の場として「ふれあい・いきいきサロン」事業が全国的に推進されています。「ふれあい・いきいきサロン」には、高齢者が中心の「高齢者サロン」、子育て中の親子が集う「子育てサロン」、障がい者が中心に集う「障がい者サロン」、子どもから高齢者まで地域の誰でも参加できる「共生型サロン」などがあります。プログラムの内容としては、軽い体操やマッサージなど体を動かすものから、カラオケや手品、絵手紙、俳句など趣味のものまでさまざまです。

「高齢者サロン」は、地域に暮らす高齢者なら誰でも参加できます。また、高齢者の方たちが自ら、「こんなサロンを作ってみたい」と考えたことを実現させることも可能です。活動内容も参加者のそれぞれの興味や関心に合わせて、自由な考えでプログラムを作ることができます。

サロンの効果としては、主に次のようなものがいわれています。

●地域での仲間づくりにつながる
●さまざまな情報を得ることができる
●見守りや課題発見の場となる
●介護予防や認知症予防につながる
●誰もが活躍できる場となる

さて、私も二〇〇五（平成十七）年からサロン活動をはじめ、「創年のたまりば」を作りました。その時に最初につくった『創年憲章』をご覧ください。

【創年憲章】
一　難しい規約はありません。
一　固定した事業、事業計画はありません。
一　遅刻・早引け自由です。
一　無断欠席等ご自由です。
一　無責任発言は言いたい放題です。

一　入退会等も無罪放免です。
兎に角、一年後の結果、若返り保証、家族円満。

とても自由な集まりであることがおわかりでしょう。その中で、パソコンの勉強会を開いたり、カラオケ大会、仲間と一緒に「○○一座」を結成して福祉施設などを訪問し、劇や手品などを披露してボランティア活動を行ったりもしました。
定年後、やることがなくて家でゴロゴロして奥さんに怒られていた旦那衆も、このサロンに出てからはまるで水を得た魚のように生き生きとしだしました。地元で仲間ができれば自分の住むまちにも関心が出て、防災や交通安全などの活動にも積極的に参加して、暮らし良いまちづくりへの貢献にもつながっています。

地域を支える人々

■民生委員・児童委員

最近の民生委員・児童委員に関する話題は、なり手不足や高齢化など、マイナスなイメージでいわれることが多く、残念で仕方がありません。民生委員・児童委員は地域にとってとても重要な役割を果たしている、なくてはならない存在です。

民生委員は厚生労働大臣から委嘱され、それぞれの地域において、常に住民の立場に立って相談に応じ、必要な援助を行い、社会福祉の増進に努める役割を担い、児童委員を兼ねています。

児童委員の役割は地域の子どもたちが元気に安心して暮らせるように、子どもたちを見守り、子育ての不安や妊娠中の心配ごとなどの相談・支援等を行います。また、一部の児童委員は、児童に関することを専門的に担当する主任児童委員が委嘱されています。

民生委員の制度は大正時代に始まり、戦後の民生委員令の公布により名称が現在の「民生委員」と定められました。その時代には民生委員の活動は一貫して生活困窮者の支援の取り組みでしたが、社会の変遷と共にその役割も徐々に変化していきました。

民生委員の職務は、自分の住む地域で生活状態が困窮している人を把握し、生活に関する相談に応じて助言をしたり、福祉サービスなどの適切なサービスを利用するための情報を提供したり、援助します。また社会福祉事業者と密接に連携し、関係行政機関の業務に協力します。

児童委員は、地域で暮らす児童や妊産婦の生活や取り巻く状況を適切に把握し、問題がある場合には保護や保健、その他福祉に関して適切にサービスが利用できるように援助や指導を行います。必要があれば、児童福祉司・福祉事務所の社会福祉主事の行う職務に協力します。こうして児童の健やかな育成に関する気運の醸成に努めることが職務となります。

分野別では「高齢者に関すること」が半数を超え、「子どもに関すること」が二割、「障害者に関すること」が一割弱というのが現状です。

特に近年では、高齢者の増加と共に一人暮らしや老老介護など、見守りを必要とする高齢者が増加したこと。また子どもでは虐待の問題など、地域の見守り、民生委員・児童委員の活動に期待されることは多くなっています。

しかしその反面、民生委員のなり手が減っていることが社会問題化しつつあります。

民生委員が委嘱される仕組みは、民生委員法第五条によって、「道府県知事は、市町村の民生委員推薦会から社会福祉に対する理解と熱意があり、地域の実情に精通した者として推薦された者について、地方社会福祉審議会の意見を聴いて（努力義務）推薦し、厚生労働大臣が委嘱する」とされています。

しかし現実には、多くの民生委員は自ら職を退く時には次の民生委員を探してきて、推薦会に紹介しなければならず、その段階で苦労しています。民生委員の任期は三年ですが、再任も可とされ、次の民生委員が見つからなければ延々とその職務を続けなくてはならなくなります。

そうこうしているうちにどんどんと高齢になり、民生委員としての役割が十分に果たせなくなる場合もあります。

また基本的に民生委員は奉仕者（ボランティア）の位置づけになっているため、国から給与は支払われません。ただし国は民生委員の活動費として、一人当たり年間五万九千円を地方交付税措置として認めており（平成二十八年当時）、また各自治体も交通費・通信費・研修参加費などの活動費を弁償費として交付しています。しかしその金額は年間で全国平均八万円以下、というのが実態です。

実際の民生委員の職務は、困っている人の救済であり、個々の状態もそれぞれでその対応は一概にはいきません。またプライバシーが重視される時代でもあり、その制約もあって対応に苦慮するケースも増えています。

なかなか解決の難しい問題ですが、民生委員・児童委員に選ばれるのは、「人格および見識が高く、広く社会の実情に通じている者であること」「社会福祉の増進に熱意がある者であること」が要件となります。

ですから民生委員の方々、これから民生委員になられる方は、この職務に携われることに大いに誇りを持って活動していただきたい。民生委員・児童委員の方々の活動があればこそ、私たちのまちの福祉が守られていることも市民はきちんと理解して、感謝することが大切ではないでしょうか。そうした評価があれば、自ら手を挙げ、積極的にこの職務に携わりたいという声が上がってくると願わずにはいられません。

■地域福祉推進協議会

名古屋市には、小学校区ごとに「地域福祉推進協議会（推進協）」という団体がありま す。すべての住民が安心して暮らすことのできる福祉のまちを、住民が主体となって地域総ぐるみで推進することを目的として設立されました。

住民の理解と協力を得ながら運営し、行政・社会福祉協議会・社会福祉施設・NPO法人などの関係機関・団体と協働しながら活動を進めています。

推進協の主な構成メンバーは、区政協力委員、民生委員・児童委員、保健環境委員会、老人クラブ連合会、地域女性団体連絡協議会、子ども会連合会、障害者団体、ボランティア団体、NPO法人などのほか、地域の団体に所属していない地域住民によって構成されています。

推進協の主な活動は、地域の状況に応じて、地域住民の困りごとを把握する事業、地域住民の福祉意識を高めるための事業、手助けを必要とする地域住民を支える事業、地域住民同士が交流・ふれあう事業など、さまざまな地域福祉活動に取り組んでいます。

その代表的なものとしては、次のようなものがあります。

●ふれあい・いきいきサロン
地域の孤立しがちな高齢者、障害者、親子などが身近な地域で気軽に集まり、地域住民とともに楽しく過ごすことを通して、地域の関係づくりを進める事業です。

●ふれあい給食サービス事業
高齢者などの孤独感の緩和を目的に、高齢者などとボランティアが食事を介してふれあいを深める事業です。参加の声かけによる閉じこもりの防止、貴重な共食の機会、定期的な見守り、参加する高齢者が運営を手伝うことで活躍の場づくりにもなる事業です。

●ふれあいネットワーク活動
地域で見守りが必要な方に対して、近隣住民の協力者が日常的にさりげなく見守ったり、訪問や声かけをしたり、必要に応じて福祉サービスへと結びつけたりする地域住民による支え合い活動です。地域住民の気にかけ合う関係づくり、住み慣れた地域で安心して生活できる地域づくりにつながっています。

●地域支えあい事業

コミュニティセンターなどの身近な場所で、地域住民のちょっとした困りごとの相談を受け付けます（住民相談窓口）。把握した困りごとをご近所の助け合い（ご近所ボランティア）によって解決したり、解決が難しい場合は専門機関につないだりします。また、地域住民と専門職などが、地域の福祉課題の解決に向けて話し合ったり、学習する機会をつくったりする（地域支えあい活動連絡会議）ことで、地域のつながりづくりを進めながら地域の福祉力の向上を図る事業です。

●その他の事業（主なもの）

◇地域住民の困りごとを把握するために……住民福祉座談会、福祉ニーズ調査、地域点検活動、地域支えあいマップづくりなど。

◇地域住民の福祉意識を高めるために……ボランティア講座・研修会、福祉講演会、ホームページの開設、福祉情報コーナーの設置など。

◇手助けを必要とする地域住民のために……高齢者健康・保健教室、地域介護者教室、家具転倒防止事業、相談窓口事業など。

◇地域住民が交流・ふれあいを通してつながりを深めるために……福祉ふれあいまつり、世代間交流事業、敬老事業、知識・技術の伝承、福祉施設との交流など。

■区政協力委員（名古屋市独自の制度で、災害対策委員も兼務）

区政協力委員は、地域と市区行政のパイプ役として、広報広聴活動や災害対策、市民運動の推進等に協力する方たちです。主な仕事としては、「広報広聴活動への協力」「災害対策への協力」「社会教育活動及び市民運動の推進」があります。

「広報広聴活動への協力」では、各世帯にチラシ類の配付などを行って行政情報を伝えたり、住民の意見を収集して区役所へ伝える役割も担います。さらに広聴会等で地域要望を集約したりもします。

「災害対策への協力」では、地域の災害対策委員を兼務して、災害危険個所の把握や地域への避難要領の周知徹底などの災害対策への協力を行います。

「社会教育活動及び市民運動の推進」では、地域における文化・教養・スポーツ事業等の振興や、まちを美しくする運動・交通安全市民運動・青少年保護育成運動など市民運動の推進などを行います。

区政協力委員は非常勤特別職の地方公務員とされており、任期は二年となっています。

このように地域は、さまざまな人々の奉仕やボランティアの活動によって支えられています。地域の助け合い、人と人との支え合いによって安心・安全な暮らしがあることを今一度ご理解いただき、支援の輪を広げることがよりよいまちづくりの実現につながっていきます。

第三章　各種の政策を考えてみよう

自治体の『総合計画』をご存じですか

私たちが市民として暮らすまち――それが国の基本単位となる自治体です。自治体とは、その地域内の自治を行うための団体をいい、法的な権限をもって私たち市民に多種多様なサービスを提供し、生活の手助けをしてくれます。また地方自治の運営方針を決定し、社会福祉やまちづくりの推進など、私たちの暮らしを支えるさまざまな役割を担っています。

地方自治体の役割が最初に大きく変わったのは、一九九三(平成五)年の第一次地方分権改革によるものです。平成の時代に入りこの改革が始まると、中央集権体制であった日本は徐々に地方分権へと舵を切っていきます。

日本が地方分権へと移行していった理由に、社会の少子高齢化が進んでいく中で、都心部への一極集中を緩和し、人や資源の分散化をはかることがあります。加えて地方と国の関係の水平化を図ることが大きな目的であったそうです。また、物事の決定権だけでなく、財源の付与も地方分権の大きな意義です。これによって各地方公共団体は、住民のニーズに寄り添った、より質の高いサービスを提供できるようになりました。

地方分権・地域主権がいわれるなかで、地方公共団体は自主性をもった自立的な取り組みが求められ、個性豊かで活力のある地域社会の実現が求められます。自分たちがこれからどのような地域づくりをしていくのか、市民にどのようなサービスを提供していくのか、その計画を明らかにするのが、自治体の『総合計画』です。

『総合計画』は、おおむね十年間の地域づくりの方針を示した「基本構想」、五年程度の行政計画を示す「基本計画」、三年間程度の具体的施策を示す「実施計画」の三つによって構成されています。

これまで地方自治法によって、市町村は総合計画の基本部分である「基本構想」について、議会の議決を経て定めることが義務づけられていましたが、二〇一一(平成二十三)年に地方自治法が一部改定され、現在は基本構想の法的な策定義務がなくなりました。しかし現在も各自治体の判断で、「基本構想」を策定し、市民に『総合計画』を公表する地方自治体は多くあります。

私たちが暮らすまちをどのように思い描いているのか、どのようなまちづくりをめざし、どのような施策に力を入れているのか。市民から集められた税金はどのようなものに注力して使われるのか――。そこには各自治体それぞれの、さまざまな事情があります。その事情にふさわしい対策を取るための構想、計画を立てることにこそ、地方自治の意味合いがあるのでしょう。

しかし私たち市民のほとんどは、そうした自分たちの暮らす自治体の〝めざすもの〟を理解しているのか疑問です。よく言えば信頼ですが、悪く言えば自治体任せ、無関心です。自治体から出される『総合計画』に目を通し、理解している市民が果たしてどれほどいるのでしょうか。私たちはもっと自分たちの住むまちに関心をもち、このまちを築き上げている一員としての責任を持つべきです。

では、各自治体がつくる『総合計画』とはどんなものか。私が暮らす名古屋市を例に見ていきましょう。

現在、名古屋市が公表している最新の総合計画は、二〇一九（令和元）年に策定した『名古屋市総合計画２０２３』です。計画策定においては「長期的展望に立ったまちづくり」として「新しい時代にふさわしい豊かな未来を創る！　世界に冠たる『ＮＡＧＯＹＡ』へ」をまちづくりの方針として掲げています。また五つの「めざす都市像」を設定し、その実現に向けた四十五の施策を掲げています。さらにめざす都市像の実現に向けて、優先的に取り組む四つの「重点戦略」がある、という構造になっています。
次に大まかな内容を記します。

［名古屋市総合計画2023］

■まちづくりの方針

新しい時代にふさわしい豊かな未来を創る！　世界に冠たる「NAGOYA」へ

●名古屋の強みを最大限に引き出す

●名古屋大都市圏におけるハブ機能を果たし成長をけん引する

●日本で一番子どもを応援！　高齢者も安心できるみんなにやさしい福祉の実現

●大規模災害から命と産業を守り、日々の暮らしの安心・安全を確保する

●ヒト・モノ・カネ・情報を呼び込み、新たな価値を創造し持続的な経済成長をめざす

●名古屋城天守閣木造復元により、特別史跡名古屋城を世界に誇れる日本一の近世城郭へ

●魅力と郷土愛にあふれる世界のデスティネーションへ

●アジア諸国との交流を活発に行い、アジア・世界の交流拠点都市へ

●リニア時代のリーダー都市へ
●SDGs未来都市として、持続可能な未来を切りひらく
●世界に冠たる「NAGOYA」へ！

■めざす都市像
●人権が尊重され、誰もがいきいき暮らし、活躍できるまち
●安心して子育てができ、子どもや若者が豊かに育つまち
●人が支え合い、災害に強く安心・安全に暮らせるまち
●快適な都市環境と自然が調和したまち
●魅力と活力にあふれ、世界から人や企業をひきつける、開かれたまち

■重点戦略
●子どもや親を総合的に支援し、未来を担う人材を育てます
●みんなにやさしい福祉を実現し、元気に活躍できるまちづくりを進めます
●災害から命と産業を守り、安心・安全な暮らしを確保します

●強い経済力を基盤に、賑わいと新たな価値を創出し、環境と調和した都市機能を強化します

※「名古屋市総合計画2023」より一部抜粋

いかがですか。どれをとっても素晴らしい！　このすべてが叶えば、名古屋市のなんとも明るい未来が見えてきそうです。

でもそれを実現するのは並大抵のことではありません。なりたい未来を思い描くことは大切ですが、絵に描いた餅にならないように、私たち市民の役割は、こうした目標を掲げる市政の取り組みに厳しく目を光らせることです。それと同時に私たちも市民の一人としてこれからを生きていく子どもたちのためにも、夢のあるまち名古屋を作り上げていく一助になりたいと思うのです。

それはどこに住んでいる人でも同様です。あなたは必ずどこかのまちの〝市民〟だからです。私たちは全員、市民の責任として、このまちはどの方向に向かっていこうとしているのか、自分のまちの未来を描く「総合計画」を知ることはとても大切なことではないでしょうか。

未来の福祉を描く『地域福祉計画』

自治体が発表する『総合計画』がまちの全体像を描くものだとすると、各地域の〝福祉〟についての未来展望を知れるのが『地域福祉計画』です。

地域福祉計画は、二〇〇〇（平成十二）年の社会福祉事業法等の改正によって、社会福祉法に新たに規定されました。自治体は、地域福祉推進の主体である地域住民等の参加を得て、地域生活課題を明らかにするとともに、その解決のために必要となる施策の内容や体制などについて、多様な関係機関や専門職などと共に協議を行い、目標を設定し、計画的に整備していくことを求めています。

また、『地域福祉計画』の策定は、二〇一八（平成三十）年の社会福祉法の一部改正により、任意から努力義務へと変更されています。

このように各自治体は、地域における福祉の取り組みとしての行政計画を明らかにすることで、市民との協働によって、より良い福祉社会の実現をめざします。

『地域福祉計画』の目標は

一　地域における福祉サービスの適切な利用の推進

二　地域における社会福祉を目的とする事業の健全な発達

三　地域福祉に関する活動への住民の参加の促進

となっており、自治体が地域におけるさまざまな生活課題を解決するための仕組みづくりに向けた大目標を立てた上で、各エリアに暮らす地域住民自らが、住民主体の活動や行政・関係機関との連携・協働や役割分担のあり方等について協議を重ねながら、策定をしていくことが求められています。

ちなみに名古屋市では、『なごやか地域福祉２０２０』が二〇二〇（令和二）年度から二〇二四（令和六）年度までの五ヵ年の『地域福祉計画』として公表されています。この計画書では、現状と課題として、市民アンケート、団体及び相談支援機関等へのアンケートから現状と課題を捉え、課題解決に向けた取り組みを展開しています。

［なごやか地域福祉2020］

■私たちの地域を取り巻く現状と福祉課題・生活課題

●つながりの希薄化と地域からの孤立の問題

●支援が必要な人と必要な支援が結び付いていないことの問題

●地域福祉活動への参加とキーパーソン等の負担の問題

■課題解決に向けた展開

方向性1　つながり支え合う地域をつくる

方策①　孤立を生まない地域づくり

・高齢者、障害者、子育て世帯、外国人市民等さまざまな住民が交流し、ふれあえる機会の創設

・見守り体制の充実

方策②　困った時に支えあい助け合える地域づくり

・住民が主体的に地域課題に取り組むことができる仕組みづくり

・災害に備える日頃からの支えあいの取り組みの推進

・避難生活における福祉的な配慮

方向性2　一人ひとりの「暮らし」を支える仕組みをつくる

方策③　様々な困りごとを丸ごと受け止め支える仕組みづくり

・相談窓口や公的サービスの利用促進、連携とアウトリーチによる支援の推進

・丸ごと相談や複合的な課題等を抱える人への包括的な相談支援の推進

・生活困窮、住まい、自殺対策の取り組みや犯罪をした人の社会復帰に関する支援

方策④　地域で安心して暮らし続けるための支援の仕組みづくり（権利擁護の推進）

・判断能力が不十分な人等への本人の意思を尊重した支援

・高齢者、障害者、児童等に対する虐待や配偶者に対する暴力の予防、早期発見と相談支援

方向性3　地域で活躍する多様な支え手を育む

方策⑤　多様な主体の参加促進

・地域を知ることから始まる地域福祉

・若者から高齢者までの多様なあらゆる世代、地域で活動する多様な主体への働きかけ
・多様な主体が活躍できる機会づくり
方策⑥　地域福祉の支え手の活動支援
・地域福祉活動のキーパーソンをはじめとする活動者を支える仕組みづくり
・地域福祉活動を支える社会資源づくり
※第三期名古屋市地域福祉計画　第六次名古屋市社会福祉協議会地域福祉推進計画「なごやか地域福祉２０２０」より一部抜粋

地域福祉というのは当事者になって初めて、ありがたく感じたり、反対に不十分であると不満に感じたりするのではないでしょうか。でもそれでは遅いのです。私たちは暮らしの中で、いつ何時、突然福祉のお世話にならないとも限りません。地域福祉の原点は、誰もがみんな安心して暮らせるまち。そのためには一人ひとりが福祉に関心をもって、互いに助け合い協力し合い、支え合うまちづくりが理想です。そのためにも地域のすべての市民が主体的に関わっていくことが求められます。

高齢者の『保健福祉計画』と『介護保険計画』

私はすでに後期高齢者なので、今後の数年の間に高齢者福祉や介護が、大きく変化して戸惑うということはないのではないかと考えています。しかしこれから高齢者層に足を踏み入れていく方々は、高齢者がどんどん増えていく日本で、福祉や介護の制度がどのように変わっていくか……、不安を感じられているかもしれません。

以前から言われているように、団塊の世代が七十五歳を迎える二〇二五年問題で、日本の少子高齢化問題は一つの大きな山場を迎えることとなります。この困難を無事に乗り越えることができれば、日本の社会の新たな形が見えてくることでしょう。

来たるべき二〇二五年問題に対処すべく、国や各自治体もさまざまな対策がとられています。それを具体的に示しているのが『高齢者保健福祉計画』と『介護保険事業計画』で、各自治体によって策定されます。

『高齢者保健福祉計画』と『介護保険事業計画』は健康増進法及び介護保険法に基づいて

作られるもので、高齢者が住み慣れた地域で自分らしく安心して暮らし続けられるよう、高齢者に関する施策や介護保険事業について基本的な考え方や目標を定めます。三ヵ年を計画期間として高齢者保健福祉と介護保険事業を一体的に策定するため、『高齢者保健福祉計画』と『介護保険事業計画』は一括して考えられています。

高齢者問題をひもとく時、人口が集中して働く世代が多い都心部と、過疎化が進む地方など、それぞれの地域事情が異なるため、各自治体によっての問題点や課題に相違が生じます。各自治体共通のテーマとしては、増加する高齢者を減少していく現役世代がどのように支えていくか。持続可能な制度をどのように維持していくかということでしょう。二〇二五年、さらに高齢化が一層進む未来を見据え、制度づくりがすすめられています。

こうした計画は自治体ごとに名称が異なりますが、たとえば名古屋市では『はつらつ長寿プランなごや2023』として発表しています。

どのような取り組みが行われているかを簡単にご説明しましょう。

［はつらつ長寿プランなごや2023］

■計画の理念
『互いに長寿を歓び合い、はつらつとして暮らせるまち、なごや』の実現
■計画の視点
●人間性の尊重
●活力ある高齢期の実現
●在宅生活の総合的支援
●ともに生きるまちづくり
●市民の幅広い参加と民間活力の活用及び地域支援体制の構築
●「新しい生活様式」への対応
●大規模災害に対する備え
■施策の体系
Ⅰ　健やかでいきいきとした生活の実現
【施策】
・健康づくりの推進
・効果的な介護予防の推進
・社会参加の機会の充実・活躍の場の提供

Ⅱ　地域で安心して暮らすための支援の充実

【施策】
・総合相談窓口の充実
・地域ケア会議の充実
・地域における見守りの充実
・介護予防・生活支援の推進
・在宅医療・介護連携の推進
・高齢者虐待の防止
・認知症の人と家族に対する支援の充実

Ⅲ　自立して生活するには不安がある方への支援

【施策】
・介護サービスの提供体制の充実
・介護サービスの質の確保及び向上
・介護サービスを支える人材の確保・定着
・在宅で介護する家族等への支援

Ⅳ　安心して暮らす事ができる生活の場の確保

【施策】
・状況に応じた住まい・施設の確保

・住まい・施設に関する支援体制の充実

［第８期名古屋市高齢者保健福祉計画・介護保険事業
『はつらつ長寿プランなごや２０２３』より抜粋］

『はつらつ長寿プランなごや２０２３』は百六十ページにもなる立派な冊子で、高齢者の現状と将来推計をもとに、ひとり暮らし高齢者数、認知症高齢者数、要介護・要支援者数などを推計し、これからの事業の在り方を考えています。十六の施策に関しても、それぞれに現状と課題をまとめ、施策の展開についても記述しています。

お役所の担当者の方々も大変苦労して作成されたものであることがうかがわれます。また、個々の異なるケースに対して、細やかな支援体制を整えようという意欲もとても感じられます。

こうした冊子が手軽に入手できるのですから、名古屋市にとどまらず、各自治体が取り組んでいる高齢者に向けての施策、取り組みに関してもっと市民の方々に関心をもってもらいたい。一人でも多くの人に手に取っていただけたらいいなぁと思います。

そして実際の現場の声なども届けつつ、より良い福祉・介護の未来を共に築いていくことが大切なのです。

区から発信する情報もある

自分たちが暮らす地域の暮らしを支え福祉の役割を担う自治体ですが、都市と地方ではその仕組みがちょっと異なります。その判断の一つが、あなたの住所には〝区〟がついているかどうかが一つの目安になります。住まいに○○区とついている場所に住んでいる人は、東京二十三区か、政令指定都市に住んでいる人たちです。

地方自治法のもとでは東京都の二十三区を特別区と呼び、政令指定都市に置かれる区を行政区と呼んでいます。東京二十三区の特別区は、市町村とほぼ同等の機能を持つ地方自治体そのものであり、政令指定都市の行政区は、市の内部組織として捉えられています。

なぜこのように複雑な仕組みがあるかといえば、都心に人口が集中する中で、より細やかな行政サービスを展開するためのものともいえます。ちなみに東京二十三区と政令指定都市の百七十五区には、日本の全体人口の約三割が暮らしているそうです。

私が暮らす名古屋市は、政令指定都市の中では横浜市、大阪市に次いで人口が多く、十六の区があります。区ごとの人口は六万人から二十四万人と幅がありますが、こうした区民を支えているのが区政です。

すなわち〝区〟は、市民生活に密着した行政上の各種サービスの提供や、住民の日常生活に即応する業務をこなしながら、市民と市政をつなぐパイプとして住民の要求をくみ取り、地域の発展を図る役割を果たします。

区に暮らす人たちは、市民であるとともに当然のごとく区民でもあることを認識して、区政に対しても関心を高める必要があるでしょう。

それぞれの区でも独自の『将来ビジョン』や『区政運営方針』を掲げ、市民（区民）に向けてアピールしています。

私たちの暮らすまちが何を目指して、どのような取り組みをしているのか、そのもっとも身近な地域から情報を得ることも大切なのではないでしょうか。

政策を絵に描いた餅にしないために

私は長年、福祉や行政と関わり深い活動をしてきました。児童福祉、青少年育成、高齢者福祉……。直接的に市政に関わることはありませんでしたが、こうした活動は公共の関わりが多かったため、それでも専門家会議に出席したり、議会を傍聴したり、また公的ないくつかの役員も務めさせていただきました。多くの自治体職員の方々や福祉や教育の専門職の方たちと、意見を交わさせていただいたこともあります。だからでしょうか。私は今も、市政には関心が高い方だと思っています。

でも多くの一般市民の方々は、あまり市政に関心がないように感じます。それは日本の地方選挙の投票率の低さからもわかります。日常の生活に多少の不満はあっても、世の中を大きく変えたいとまでは思っていないからでしょう。またそれは、公僕の方々への信頼でもあるかもしれません。私たちの暮らしや生き方をよくするために、日々汗をかいて頑張ってくれているのだと信じているのでしょう。

確かに私も、市民の暮らしをよくしようと努力をしてくれている方々にはとても感謝しています。でもすっかり人任せにして、「お願いします」「ありがとう」だけで私たちは良いのでしょうか。

たとえば私は役所に行くと、市や区が発行している冊子やパンフレットをごっそりと持ち帰ります。これは役所の方々が、私たち市民に伝えたいと思って作成したものですから、それはそれは感謝して、隅から隅まで目を通します。

ここに紹介した『名古屋市総合計画２０２３』も『なごやか地域福祉２０２０』も、『はつらつ長寿プランなごや２０２３』も、私が自ら役所で入手したものです。今回、一部抜粋をして紹介しましたが、その内容はとても素晴らしいものです。高齢者や障害者に優しく、自然にも配慮して、子育てにも恵まれた環境で、災害にも強い。さらに経済発展にも力を入れてと……もう、まったく落ち度がないくらい素晴らしい未来像が描かれていて、私もあと五十年くらい長生きしたくなってしまいます。

でもそれ、本当にすべて実現できますか？　という疑問も湧いてきます。もちろん理想を描かなければ、なりたい未来は近づきません。だから理想を描くことが悪いことではないのですが、行政を司る方々には素晴らしい未来予想図を描くことだけで満足してほしくはありません。また、私たち市民も素敵な未来を見つめているだけでお腹がいっぱいになってはいけないのです。

自治体はさまざまな調査を行い、労力と知力と財力を使って、私たちの未来の設計図を描いているのです。私たち市民もその責任として、こうした行政の取り組みや計画を理解して、賛同したり、納得がいかなければ声を上げ、また実際にたてられた計画が予定通りに進行しているかを常に見守ることが必要です。

それが、私たちが社会と共に生きていくことだと私は考えます。

第四章　子どもたちの幸せは大人がつくる

子どもの権利をご存じですか

子どもは夫婦にとっての宝物であるだけでなく、地域にとっても、社会にとっても、国にとってもとても大切な宝です。この世に生を与えられて誕生した子どもは、周りの大人たちがみんなで協力し合いながら、大事に大事に育んで、立派な大人になるように見守りたいものです。

ところが近年、小さな命が失われる、悲しい事件が次々と起こり、胸を締め付けられる思いです。虐待や幼稚園バスでの置き忘れ事故など、大人の責任というべき出来事で、たった一つしかない大切な命が失われているのです。

日本の出生数は、一九七〇年代初めの第二次ベビーブーム以降、減少の一途をたどります。そして一九八九（平成元）年には、合計特殊出生率（女性が生涯に産む子どもの数の平均）が一・五七となり社会に大きな衝撃を与えました。しかしその後もこの傾向は変わらず、日本の少子化は今日に至るまで進み続けています。

総務省の統計によれば二〇二三（令和五）年四月一日現在、日本の十五歳未満の子どもの数は千四百万人で、総人口に占める子どもの割合は、なんと一一・五パーセントしかありません。四十二年連続の減少だそうで、しかも世界でも子どもの割合が最低水準の国が日本なのです。

日本の社会の中に子どもは一割しかいないとなれば、圧倒的な少数派です。子どもたちが公園で遊ぶ声がうるさいと訴えた高齢者がいたように、大人中心の社会の中で子どもたちの生き辛さが年々増していくのではないかと心配です。

まず私たち大人が知っておくべきことは、子どもには子どもとしての権利がしっかりとあるということです。皆さんは、子どもたちを守る法律があることをご存じでしょうか。

一九五一（昭和二十六）年五月五日に制定された『児童憲章』は、日本国憲法の精神に基づき、児童に対する正しい観念を確立し、すべての児童の幸福を図るために定められた児童の権利宣言です。以下がその条文となります。

［児童憲章］

われらは、日本国憲法の精神にしたがい、児童に対する正しい観念を確立し、すべての児童の幸福をはかるために、この憲章を定める。

児童は、人として尊ばれる。
児童は、社会の一員として重んぜられる。
児童は、よい環境の中で育てられる。

一　すべての児童は、心身ともに健やかにうまれ、育てられ、その生活を保障される。

二　すべての児童は、家庭で、正しい愛情と知識と技術をもつて育てられ、家庭に恵まれない児童には、これにかわる環境が与えられる。

三　すべての児童は、適当な栄養と住居と被服が与えられ、また、疾病と災害からまもられる。

四　すべての児童は、個性と能力に応じて教育され、社会の一員としての責任を自主的に果たすように、みちびかれる。

五　すべての児童は、自然を愛し、科学と芸術を尊ぶように、みちびかれ、また、道徳的心情がつちかわれる。

六　すべての児童は、就学のみちを確保され、また、十分に整つた教育の施設を用意される。

七　すべての児童は、職業指導を受ける機会が与えられる。

八　すべての児童は、その労働において、心身の発育が阻害されず、教育を受ける機会が失われず、また、児童としての生活がさまたげられないように、十分に保護される。

九　すべての児童は、よい遊び場と文化財を用意され、悪い環境からまもられる。

十　すべての児童は、虐待・酷使・放任その他不当な取扱からまもられる。あやまちをおかした児童は、適切に保護指導される。

十一　すべての児童は、身体が不自由な場合、または精神の機能が不充分な場合に、適切な治療と教育と保護が与えられる。

十二　すべての児童は、愛とまことによつて結ばれ、よい国民として人類の平和と文化に貢献するように、みちびかれる。

『児童憲章』は子どもの人権を定めた戦後の民主的改革の流れの中で、日本の子どもを守り育てる社会の課題と大人の役割を明らかにしたものです。

子どもを妊娠した際に母親に手渡される母子手帳にも『児童憲章』の全文が印刷され、これから誕生する愛しい我が子に、子どもとしての権利があることを伝えています。

さらに国際的には国連総会で一九九〇（平成二）年に発効した「児童の権利に関する条約（子どもの権利条約）」において、子どもの基本的人権は国際的に保障されるようになり、日本も一九九四年（平成六）年に批准しています。

しかし国内において少子化や虐待、ネグレクト、いじめなど、子どもに関わる問題がさまざまに生じていく中で、政府では従来は内閣府や厚生労働省が担っていた子どもに関する取り組みの一元化をするため、二〇二三（令和五）年四月に子ども家庭庁を創設。同時に新たな法律として『こども基本法』を施行しました。

『こども基本法』は日本国憲法および児童の権利に関する条約の精神にのっとったもので、六つの基本理念を謳っています。

［こども基本法］
一　全てのこどもについて、個人として尊重され、その基本的人権が保障されるとともに

に、差別的取扱いを受けることがないようにすること。

二　全てのこどもについて、適切に養育されること、その生活を保障されること、愛され保護されること、その健やかな成長及び発達並びにその自立が図られることその他の福祉に係る権利が等しく保障されるとともに、教育基本法（平成十八年法律第百二十号）の精神にのっとり教育を受ける機会が等しく与えられること。

三　全てのこどもについて、その年齢及び発達の程度に応じて、自己に直接関係する全ての事項に関して意見を表明する機会及び多様な社会的活動に参画する機会が確保されること。

四　全てのこどもについて、その年齢及び発達の程度に応じて、その意見が尊重され、その最善の利益が優先して考慮されること。

五　こどもの養育については、家庭を基本として行われ、父母その他の保護者が第一義的責任を有するとの認識の下、これらの者に対してこどもの養育に関し十分な支援を行うとともに、家庭での養育が困難なこどもにはできる限り家庭と同様の養育環境を確保することにより、こどもが心身ともに健やかに育成されるようにすること。

六　家庭や子育てに夢を持ち、子育てに伴う喜びを実感できる社会環境を整備すること。

また、こうした法律を踏まえて、自治体では子どもの権利を保障し、それに関する施策を推進するために『子どもの権利に関する条例』や『子ども条例』などを制定し、各地域に見合ったより実情をふまえた子どもの権利の保障や、そのための自治体や住民等の責務や役割を定めています。家庭、学校などの施設や、地域のそれぞれにおける子どもの権利の保障の対応や取り組みについて具体的に規定しているものもあります。

〝子どもたちの権利〟は大人たちによって守られなければいけません。そのためには子どもの権利とは何かを大人が知ることが大事なのです。

ここに条文を列挙したのは、このように立派な法律や条例があり、子どもたちの権利が認められている、ということをまずは大人たちがきちんと理解することが大切だと考えたからです。

児童虐待の背景には

全てのこどもは、『児童の権利に関する条約』の精神にのっとり、適切な養育を受け、健やかな成長・発達や自立が図られることなどを保障される権利があります。

ところが現実には、児童虐待の問題は深刻さを増し、社会的にも大きな課題ともなっています。今、全国の児童相談所で対応された児童虐待に関する件数は年々増加しており、厚生労働省の発表によれば二〇二一（令和三）年度は過去最高の二〇万七六五九件となっています。また死亡事例も七十七人となっています。なんとも痛ましいことです。

なぜ、今の時代に児童虐待が増えているのでしょう。

各方面の専門家がそれぞれに分析をされているでしょうが、昭和の時代から長年児童福祉に携わってきた経験を持つ私なりに思うところがあります。

昔の家庭は、おじいちゃんおばあちゃんが娘や息子夫婦と暮らし、孫にも囲まれて、三世代同居も珍しくありませんでした。そして子どもは二人、三人、四人といて、家の中はいつも賑やかな子どもの声が響き渡っていました。昼間は子どもの友だちや近所の人も出入りして、家の中には人の声が絶えない。そんなかつては当たり前だった風景も、今やほとんど見ることができなくなりました。

昔と今で、子どもたちの環境が大きく変わったとすれば、その原点は家族にあると思います。大家族から核家族へと構成が変わり、家族の単位は親と子になりました。また最近は子どもの数も減っていることから、兄弟姉妹のいない一人っ子も増えています。

小さな家族、限られた大人の目、閉鎖した環境――。そうした状況が近年の児童虐待の原因の一つともなっていると私は考えます。

昔は子どもを産んでも、自分の親や義理の親と一緒に住んでいることも多かったので、初めての育児でも経験者の手を借りながら、アドバイスを受けながら子どもを育てていくことができました。しかし今は、夫婦二人で初めての子育てを経験します。不安や戸惑いから、ストレスを抱えてしまったり、精神状態が不安定になってしまうこともあるでしょう。また、自分たち以外の〝目〟がないことで、イライラを子どもにぶつけてしまい、それが過剰となって幼児虐待へとつながっていくこともあります。誰も見ていないから……自分の衝動を抑えきれずに行動してしまうことがあるのです。

乳児から幼児の期間、昔は親や親せきのおばさん、おじさん、近所の人たちがわいわい集まって、子育てを手伝ってくれました。それが今は〝孤〟育てになっています。それが虐待の温床となってしまっている、と言ったら言い過ぎでしょうか。

今は結婚しても親と同居することが減って、実の親子間であってもその関係が希薄になってしまっていることも問題です。子どもが生まれて新米お母さん、お父さんになった我が子に対して、親としてきちんと役割を果たしているかを見守る、時には注意、指導するような環境であることが理想ではないでしょうか。

そうは言っても、現在の社会的な状況を変えることはできません。孤立しがちな子育てを社会共通の課題として捉え、どのように取り組んでいくか。せっかく生まれてきた社会で、愛され、幸せに生きる権利を持つ子どもたちを守るために、私たちができることを一つ一つ果たしていかなければなりません。

こうした状況に国や自治体も真剣に向き合い、児童虐待防止対策に取り組んでいます。

児童相談所の問題点

虐待などの事件が起きた時、大きく注目されるのが児童相談所の対応です。悲しくも虐待で子どもが命を落としてしまった時に、介入していた児童相談所がなぜ一時保護ができなかったか、なぜ親元に帰してしまったのかなどを問われることが多くあります。

児童相談所の役割は、子どもに関する家庭などからの相談に応じ、子どもや家庭に対して援助を行うことによって、子どもの福祉を図り、その権利を守ることです。また子どもの権利を守るために「一時保護」「立入調査」「親子の面会等の制限」などの強い権限も与えられています。

虐待児童が増える傾向にあるなかで、子どもの生命の安全確保を守るために、児童相談所の役割は大きく、その責任も重大です。国や各自治体も児童相談所の体制強化の取り組みをしてきましたが、まだまださまざまな問題があると私は考えています。

まず児童相談所の圧倒的な数の不足が挙げられます。児童相談所の設置基準を厚生労働省は「五十万人あたりに一つ」としていますが、現実はどうでしょう。例えば名古屋市の令和五年八月一日現在の推計人口は、総数二三三二万六〇一四人、ですが児童相談所は三ヵ所しかありません。本来であれば四、五ヵ所あってしかるべきなのですから、単純に考えても三分の二しかないことになります。都会であるほど、親子が孤立しやすく児童虐待の発生する比率が高くなる現状がある中で、まず数の不足を補うことが取り組むべきことでしょう。その改善にぜひとも努力をしてほしいと願っています。

もちろん数だけでなく、人材の不足も深刻です。児童相談所で働く方たちには、児童福祉司、相談員、児童心理士、心理療法士、精神科医、小児科医、保健師、理学療法士等、福祉や児童、心理などのスペシャリストが求められます。

特に児童福祉司の不足は深刻で、国は二〇二一（令和三）年に、児童相談所で虐待などの対応に当たる児童福祉司について来年度までに、人口三万人につき一人以上を配置する新たな基準を設けて各自治体に増員するよう求めました。しかしＮＨＫが児童相談所を設置する全国の自治体に対して、この基準に照らして児童福祉司がすでに足りているか尋ねたところ、不足していると答えたのは全体の八割近く、その数は全国で一二〇〇ヵ所余りに上ることが分かりました。

児童福祉司が不足しているという現実と共に、問われるのがその質です。

児童福祉司というと国家資格か民間の認定資格のように思われるかもしれませんが、実はちょっと特殊です。まず児童福祉司という資格はありません。認定福祉司というのは地方公務員であり、それに加えて児童福祉司の任用資格を取得することによって認められる役職です。

児童福祉司の任用資格要件については、児童福祉法第一三条で、次のように定められています。

一　厚生労働大臣の指定する児童福祉司若しくは児童福祉施設の職員を養成する学校その他の施設を卒業し、又は厚生労働大臣の指定する講習会の課程を修了した者

二　学校教育法に基づく大学又は旧大学令に基づく大学において、心理学、教育学若しくは社会学を専修する学科又はこれらに相当する課程を修めて卒業した者であって、厚生労働省令で定める施設において1年以上児童その他の者の福祉に関する相談に応じ、助言、指導その他の援助を行う業務に従事したもの

三　医師

四　社会福祉士
五　社会福祉主事として、2年以上児童福祉事業に従事した者
六　前各号に掲げる者と同等以上の能力を有すると認められる者であって、厚生労働省令で定めるもの

ここで私が問題視するのが、六の要件です。児童福祉司が不足する現状の中で、これまで福祉とはまったく無関係な業務を行ってきた地方公務員が児童相談所に異動して、わずかな研修などで児童福祉司として働くことが現実的には可能となっているからです。

子どもに関わる仕事は、やはり経験と専門的な知識がとても求められる仕事です。一つ判断を間違えれば、大切な命にも関わります。ここは真剣に考えていただきたいところです。

また、こうしたことから近年では、自治体でも福祉の専門家を採用する動きもあります。「福祉職」や「社会福祉区分」での職員を採用するための試験を設けています。ただしそれは都道府県や政令指定都市、東京都の特別区など限定されています。政令市以外でも、「福祉職」の採用を行う自治体もありますが、すべての自治体に「福祉職」の採用がある

わけではないのが現実です。

福祉の仕事は、人への思いやりや奉仕の心がなければ務まりません。こうした思いを強く持った方々が、こうした現場に集まり、子どもたちの支援に力を注いでくれる環境が望まれます。

私が思い描く理想の児童相談所

私はこれまで、児童養護施設の施設長をはじめ、民生委員・児童委員、少年補導委員など福祉や児童と関わる仕事やボランティアに携わってきました。そうした知識や経験をもとに、未来の児童相談所、その理想の姿を思い描くことができました。

こんな児童相談所があれば、もっと子どもたちが生き生きできる人生を作り出せるのではないか。この提案を皆さんと共有したく、ここに発表させていただきます。

■総合児童相談センター〔仮称〕

地域に開けたセンター。入りやすく、安心感が得られ、親しみを感じるセンターです。

【業務内容】

I　児童相談センター

①在宅指導の強化……要保護児童の在宅指導、家庭の指導、施設退所後の指導を強化し、再発防止に努める。児童委員との連携強化と活用。

②里親制度の普及……心に傷を持った子どもは入所施設での集団指導より、もっとも家庭に近い環境での指導が望ましい。里親制度の普及、独自の助成制度を検討。

③保健所との連携強化……定期健診に保健所を訪問しない親子は、児童委員と共に家庭訪問等を行う。健診の義務付けも検討課題。児童福祉士と保健師で担当地区での課題を共有。

④子どもカルテの作成……母子健康手帳の交付と同時に「子どもカルテ」を作成し、健診、相談、訪問、予防接種、病歴等を記録し、保育園入園時等のチェック資料とする。

⑤いじめ・児童虐待防止ネットワークづくり。

⑥いじめ・児童虐待等に関して、児童委員・主任児童委員の相談連携コーナーを作る。

⑦警察との連携強化……立入調査に同行、立ち入り。

⑧種別一時保護所の設置……「養護（幼児）」「養護（学童）」「虐待」「問題児」別の保護所を設置する。

Ⅱ　障害児童センター

①相談室の設置……教育、学習障害、巡回教育、研修などに関する相談室の設置。
②調査・研究機関の設置。
③広報・啓発機関の設置。
④治療および治療相談。

Ⅲ　児童館

①児童館との連携事業……子どもの居場所作り、子どもの一時預かり。
②子ども家庭の支援……ファミリーサポート事業。
③交流事業……三世代レクリエーション、異年齢交流、国際交流など。
④子どもの顕彰事業……ほめほめ条例の制定。

Ⅳ　子どもの人権室

①子どもの人権に関する相談や啓もう活動の推進……児童憲章や子ども人権条例などの資料の閲覧スペースやビデオ鑑賞スペースを提供。
②市民経済局人権施策推進室、人権教育啓発推進センター等との連携。

Ⅴ　地域　子ども・青少年育成センター

児童委員、主任児童委員、青少年育成アドバイザー、子ども会、子ども関連のＮＰＯなど、青少年育成関係者を対象とし、「資料・書籍コーナー」「研修室」「会議場」「IT室」などを設置。関係者の交流や合同活動、啓もう活動、事例研究や発表会などの場として活用する。

Ⅵ　体験センター

絵画、折り紙、ダンス、料理、スポーツ、陶芸、手芸、手話、木工などの体験教室をボランティアの協力で開催し、子ども同士、三世代、健常者と障害者などさまざまな人たちが交流できる場を作る。

Ⅶ　食堂街

だれでも利用できるレストランを作り、親子や孫連れなどで気軽に利用してもらう。また、調理スペースを活用して親子・孫との料理体験や、食事マナー研修など、飲食に関わるイベントも開催できる。

【職員構成】

●所長　　――全国から一般公募

●次長　　――専門家を配置

●課長職　――専門分野で経験者を公募
●係長職　――社会福祉士の有資格者
●虐待特捜係長　――専門分野での経験者（通報があれば現場に急行し、虐待と判断し危険な場合は一時保護措置を行う。地域の児童委員と連携）
●児童福祉司　――福祉系の大学卒。または児童相談所、児童館、地域養育センター、児童福祉施設などで五年間以上業務に従事した者。または区役所の保護係、児童係、本庁の子ども会、保育園、児童養護施設の担当経験者

【その他】
●専門職として優遇し、長期任用。異動は専門職同士として、他県との交流人事も積極的に行う
●危険手当、深夜出勤手当、在宅研修費の新設

児童相談所も含め、閉鎖的な組織には問題が起こりやすく、自浄作用も働きにくいものです。子どもにまつわる取り組みには、専門家も市民も多様な人たちがたくさん関わり、

開けた環境こそが大切だと思います。児童養護施設を特別の場所だと考えない、市民の開けた場所としてみんなで共有し、そこから健全な子どもたちが育っていくことが理想です。

なぜ起こる？　保育施設での事故・事件

今の日本の社会では虐待だけでなく、本当に心を締め付けられるような子どもに関する悲しい事故・事件が起こっています。

二〇二二（令和四）年九月、静岡県牧之原市の認定こども園で、通園バスに取り残された三歳の園児が熱中症で死亡した事件。園児をバスから降ろす際、車内を十分に確認していなかったこと。園児が登園していなかったにもかかわらず、保護者に欠席の確認をしていなかったこと。園側の不手際が重なり、約五時間にわたって車内に取り残された園児の、大切な命が失われました。

同様の事故はその一年前にも起こっています。二〇二一年七月、福岡県中間市の保育園で、当時五歳の園児が、送迎バスの中に八時間以上置き去りにされて、熱中症で亡くなりました。やはり園の保育士が降車の確認を怠ったことによって起きた悲劇です。

年々、暑さが厳しくなる日本の気候で、今は夏だけでなく春から秋まで、熱中症の危険度は高まっています。小さな命を預かる責任をおろそかにしてしまい起こった悲劇。同様の事故が起こっていたにもかかわらず、それを自分事として考えて危機感を持つことがどうしてできなかったのでしょうか。

こうした事故を防ぐため、国では二〇二三（令和五）年四月から、送迎バスの置き去り防止安全装置の設置の義務化を行いました（ただし一年間の経過措置あり）。また安全装置の装備と同時に、バス降車時の子どもの所在確認を義務付けています。違反した場合の罰則は、業務停止命令の対象となる厳しいものです。

安全装置の設置は、けっしてゼロとはいえないヒューマンエラーを補完するもので、対応としては理に適うものです。対象となる全国の幼稚園、子ども園、保育所などでは、子どもの命を守るためにぜひともいち早く設置をしてほしいと思います。

それでも安全装置を付ければ安心というものではなく、やはり個々の責任と自覚がなければ、人の命を預かるという責務は果たせないのではないでしょうか。

さて、もうひとつ世間を驚かせたのが二〇二二（令和四）年の十二月に明らかになった、静岡県裾野市の私立保育園で起きた園児虐待事件があります。保育士三人が一歳児のクラスで園児たちにカッターナイフを見せて脅したり、足をつかんで逆さ吊りにする、ズボンを無理やりおろすなどの虐待行為が行われており、同年八月に内部事情を知る人物から市への情報提供があり、市と園の調査で虐待行為が確認されました。静岡県警が十二月に保育士三人を暴行容疑で逮捕しています。この事件では、園側が六月から七月頃に内部通報があったものの市や警察に報告せず、他の保育士に情報を口外しないよう約束させていたと報道されています。

虐待を行った保育士は当然のこと、隠ぺい工作とも思われる対応をした園サイドにも、大きな問題があったことは当然です。

バスの置き去り事故や保育士の虐待事件。このような出来事がどうして起こるのか。新聞やテレビなどで専門家や保育士、園の経営者などさまざまな立場からその問題点や改善策などが議論されました。

その中で私はまた違う視点から、こうした事故・事件の問題点と改善策を提示したいと思います。

まず私が今回の事故・事件を目にして感じたのは、園の理事会がきちんと機能していたのだろうか、という疑問です。

たとえばバスの置き去り事件にしても、園児をバスに乗せて送り迎えする際、乗降時に園児の人数を確認する。下車時には全員が降りたかバスの後部まで行って確認する。児童の出席確認では、欠席者がいれば保護者に確認するなど、事故が起こらないようにしっかりと安全対策をとることをマニュアル化し、それを守ることを徹底していれば事故は起こらなかったでしょう。

保育士の虐待に関しても、なぜ保育士たちがそうした行動をとってしまったのかを考えると、労働環境に問題はなかったかという疑問が生じます。保育の現場はとても過酷です。小さな子どもたちの命を守り、日常生活を支えます。少ない人数で複数の子どもたちに目を配らなければなりません。最近は保護者からの要求も高く、保育士もストレスを抱えながら仕事に向かっていることが少なくないのです。

こうした状況を把握して、少しでも働きやすい環境にしていくのも、やはり理事会の役割です。保育園、幼稚園、子ども園。大事な子どもたちの命を守り、成長を支え、心を育む大切な場で、その責任と安全を守るためには、何よりも理事会の健全な運営が求められます。

第五章　青少年の健全育成のために

若者の非行と大人の責任

私の手元に一冊のパンフレットがあります。

愛知県が発行した『愛知県青少年保護育成条例のあらまし』というタイトルで、二〇〇五（平成十七）年に改正された『愛知県青少年保護育成条例』の内容について説明しています。

昭和の時代、私は愛知県の少年補導委員連合会の理事を務めたこともあり、当時の不良たちとは多くかかわりをもち、彼ら彼女たちにまっとうな人生を歩んでほしいと真正面から向き合いました。そんな私ですが、このパンフレットを見ると、昔と今とでは若者たちの取り巻く社会環境が大きく変わっていることに気づきます。

今の日本では十八歳が成人とされていますので、青少年とは十八歳未満を指します。『青少年保護育成条例』の目的は、青少年の健全な育成を阻害する恐れのある行為から、次代を担う青少年を保護することを目的としています。

皆さんはこの条例の内容を知っていますか？　残念ながら、ほとんどの人は知らないと思います。ですがこうした条例の内容は、十代の子どもたちや、その親たちだけでなく、社会全体で知って、見守ることが大切ではないでしょうか。
ここでその内容の一部について紹介しましょう。

［愛知県青少年保護育成条例］

■青少年の深夜外出に関する規制

●保護者は深夜に（午後十一時から翌日の日の出時まで）、みだりに青少年を外出させてはいけません。

●すべての者は、正当な理由がなく、青少年を深夜に連れ出し、同伴し、またはとどめてはいけません。

●深夜商業施設の事業者等は、深夜に施設内等にいる青少年に対して、帰宅を促すように努めなければなりません。

●カラオケボックス、漫画喫茶、インターネットカフェ事業者等は、深夜営業時間内に、保護者同伴であっても、青少年を施設へ入場させないようにしなければなりません。

■インターネット利用に関する努力義務

●保護者及び学校、職場その他青少年の健全な育成に携わる団体の関係者や店舗等でインターネットを利用させる者は、フィルタリングソフトを活用するなどして有害情報の閲覧等をさせないように努めなければなりません。

■性の逸脱行為に関する規制

●すべての者は、青少年に対し、風俗営業の従業員やホストクラブの客になるように勧誘してはいけません。

●すべてのものは、青少年から使用済みの下着を買ったり、売却の委託を受けたり、それらの行為が行われることを知って、そのための場所を提供してはいけません。

■入れ墨を施す行為等の禁止

●すべての者は、青少年に対し、正当な理由がある場合を除き、入れ墨をしたり、入れ墨をうけるよう勧誘、周旋したり、入れ墨を受けることを強要してはいけません。

■有害図書に関する規制

●図書類取扱業者は、有害図書類を青少年に販売、頒布、贈与、貸与、閲覧等はさせてはいけません。

■質屋・古物商・貸金業者の注意事項

●質屋や古物商、貸金業者は、正当な理由がある場合を除き、青少年から物品を質にとったり、古物（書籍・雑誌を含む）を受け取ったり、金銭等の貸付けをしてはいけません。

■有害興行の観覧に関する規制

●興行（映画・演劇・演芸等）の内容が著しく性的感情を刺激したり、残虐性を有するため、これを青少年に観覧させることがその健全な育成を阻害するものと認められるものは、有害興行として指定されます。

●すべての者は、青少年に有害興行を観覧させてはいけません。

■いん行、わいせつ行為の禁止

●すべての者は、青少年に対して、いん行又はわいせつな行為をしてはいけません。

■場所の提供および周旋の禁止

●青少年のいん行やわいせつ行為、トルエン、シンナー等の不健全な使用、喫煙や飲酒等が行われることを知って、そのための場所を提供したり、周旋してはいけません。

■刃物等の所持についての注意事項

●すべての者は、人体に危害を及ぼす恐れのある刃物やその他の器具類を、みだりに青少年に所持させてはいけません。

※『愛知県青少年保護育成条例のあらまし』より一部抜粋

さて、皆さんはこれを読んでどのように感じられましたか。多くの大人は青少年に対して、こうしたルールがしっかりあることを理解していなかったのではないでしょうか。

夜の十一時過ぎに十代と思われる子どもが繁華街を歩いていても、見て見ぬふりをしていませんか。この条例は青少年のためのものであると同時に、大人たちに向けられたものであるということを自覚するべきでしょう。そこには私たち大人の責任というものが刻まれているのです。

『大人が変われば子どもも変わる』運動

一九六六（昭和四十一）年、すべての国民が力を合わせて青少年の健全なる育成のための運動をしようという機運が高まり、社団法人青少年育成国民会議が誕生しました。長年、青少年育成国民運動を推進するため、家庭の教育力の再生を支援する地域づくりや青少年の自尊感情や社会性を育む場づくり、青少年の非行や問題行動の未然防止と地域環境整備などの取り組みが行われてきました、

そして一九九八（平成十）年八月から始まったのが、『大人が変われば子どもも変わる運動』です。非行や凶悪犯罪、いじめなど、子どもたちをめぐる問題が深刻になっていくなかで、子どもの問題には、親や大人の言動や姿勢、社会の在り方が反映していると考えられます。「子どもは社会を映す鏡」といわれるように、青少年が身近な人々や社会環境から強く影響を受けながら育っていることなどを踏まえ、まず親や大人が姿勢を正し、モラルの向上や地域の教育力を高めていこうというのがこの運動の大きなテーマでした。

そこでまず大人たちが自分たちの行動を見直し、いい大人になるために努力します。そうした姿を見て子どもたちの健全な育成につながっていく、という考え方です。

こうした運動は青少年育成都道府県民会議が主体となり、地域における国民運動の組織化とその推進に努めています。この活動の後援には内閣府・警察庁・法務省、文部科学省・厚生労働省・NHK・日本民間放送連盟が名を連ね、内閣府はこれらの地方事業に必要な助成も行っています。

ところがこの〝大人が変わる〟というのがなかなか難しい。大人が自らの行動を振り返り、子どもたちから見られて恥ずかしくない行動であったかと反省することは、なかなか現実的には難しかったようです。

実はこの『大人が変われば子どもも変わる』運動には、もうひとつの裏キャンペーンがありました。『それは地域の子どもは、地域で守り育てる。地域の世話焼きおじさん、おばさん運動』です。このとき私は、非行に走る子どもたちには、こうした取り組みの方が効果を期待できるのではないかと共感を持つことができました。

地域のおじさん、おばさんとは、昭和の時代にはよくいた、近隣の世話焼きおじさん、世話焼きおばさんのことです。子どもたちに積極的に声をかけ、危険なことがあったら積極的に注意をし、日頃から見守っていることを子どもたちが感じ取れるようにします。大人に見られているということは、ある時は安心感に、ある時は抑制力にもなります。

例えば登下校時、ちょっと庭に出て子どもたちが帰ってくるのを見守る。犬の散歩をしながら、寄り道をしている子はいないかを何気なく目配りする。そうしたおじさんおばさんが、まちの中に何人かいれば、それだけで非行やいじめの芽を摘み取ることが可能です。

二十五年ほど前にはじめられた『大人が変われば子どもも変わる』運動には、私自身も賛同して活動に協力してきましたが、残念ながら大きな成果を残すことはできませんでした。すでに出来上がってしまった大人を変えることは、なかなか困難なことです。

子どもが見ているから大人の姿を正す『大人が変われば子どもも変わる』運動よりも、普段の生活の中での子どもたちへのちょっとした目配り。その方がずっと現実的な子どもへのアプローチだというのが私の結論です。

あるいはちょっと視点を変えて、大人が無理であれば子どもから善人を育てるのはどうでしょうか。そして「子どもが変われば大人も変わる」を目指してみるのも良いのではないかと私は考えています。

子どもは生まれた時は〝真っ白〟で純粋。大人になるにつれて不良少年、悪質業者、犯罪人。そんな大人にならないようにするためには、正しい大人が集まって、みんなで考え、話し合って、平和な日本をめざしましょう。

やはり今の社会に疑問を思う大人たちが声を上げなければ、社会は変わらないと思うのです。

ＰＴＡ活動を考える

子どもたちの健全な成長を支えるのは、親であり、学校であり、社会です。それぞれがそれぞれの役割の中で子どもたちと関わり、正しく社会で生きられるように導く役割があります。近年は個々の自由がいわれ、個人主義的な主張が支持されるような時代ではありますが、だからこそ子どもにはより多くの人が関わることで、平等感や健全性が育まれていくと私は考えています。

複数の人たちが集まって、地域のために行動する――。こうした活動に対して、面倒だ、私は関係ないと考える人が増えているのはとても残念です。例えば二章で挙げた地域の町内会・自治会活動などもその一つです。それと同様に、学校ではＰＴＡ活動の不要論が、近年言われるようになってきました。

ＰＴＡとは、Ｐ（保護者）とＴ（先生）によってＡ（組織）された、子どもたちの健やかな成長のためにさまざまな活動をするための団体です。ＰＴＡの歴史は古く、戦後まもなくアメリカから派遣された教育の専門家によって、戦後日本の新たな教育の基本方針の一つとして「ＰＴＡの設立と普及」が掲げられ、文部省を通じて全国へと広まりました。

ＰＴＡの活動内容は学校によってさまざまですが、

●運動会や展覧会など学校行事の運営の手伝い
●バザーやお祭りなど、学校や地域のイベントの運営や手伝い
●廃品やベルマーク回収などをおこなって学校に必要な物を購入する
●子どもの安全や防犯のための地域パトロール
●学校やＰＴＡの広報活動

などが挙げられます。

このような活動を通して、先生や地域の人たちと協力し合って学校運営に取り組み、子どもたちの健やかな育ちをサポートしていきます。

こうした大切な役割を担い、多くの小中学校で何十年と続けられてきたＰＴＡ活動ですが、近年、その過渡期を迎えているようです。

以前は母親が専業主婦の家庭も多く、昼間に学校へ赴いて会議をしたり活動をすることも可能でした。しかし現在では共働き家族や片親の家庭も多く、平日に時間を空けてＰＴ

A活動をすることに負担を感じるという声が多く上がっているそうです。

そこで最近ではさまざまな改革に取り組むPTAも増えてきました。例えば会議を昼間から夜の集まりや土日にしたり、活動ごとに参加者を募り、委員会制からボランティア制にするなど、自分たちの状況に合わせてより良い活動方法を考え、工夫しているのです。

また、日本の社会はコロナ禍を経て急速にIT化が進みました。そこでさまざまなオンラインツールを活用し、パソコンやスマホの画面越しでミーティングを行ったり、ネット上の掲示板で情報の周知をしたり、インターネット上に学校行事や会議のカレンダーを共有するなども可能となりました。また投票機能やアンケート機能を使えば、会員たちからの意見収集なども手軽に行うことが可能です。

これからさらに進化していく情報ツールを活用し、新たなPTA活動の形が出来上がってくることでしょう。

私は、個の自由や個人主義が言われる時代だからこそ、PTA活動の大切さを強くアピールしたいのです。PTA活動に参加することには多くの良い点があります。親は地域での知り合いが増え、人間関係も広がります。学校での子どもたちの様子を見ることで、我が子だけでない子どもの活動を捉え、視野を広げる事にもつながります。

子どもにとっては、親が自分たちのために活動している姿を嬉しく感じることでしょう。親にとっても子にとっても、地域での活動に携わることは、これから生きていく上でさまざまな場面で生かされることになるでしょう。多くの人たちとの関わりや、活動の場を広げることにもつながります。

半世紀以上にもわたり親や先生方がＰＴＡ活動を続けてきたのには、それだけの意味がきちんとあったから……。未来を担う子どもたちのためにも、今後もあり続けてくれることを祈っています。

学校の校則問題に思うこと

ちょうどこの本を書いていた二〇二三（令和五）年の夏のことです。全国高等学校野球選手権大会で一〇七年ぶりの優勝を果たした神奈川県の慶応高校。高校野球といえば丸坊主の選手たちが多い中、自由な髪型の選手たちが躍動するその姿が、もう一つの話題となりました。

大人がルールを課すのではなく、子どもたちが自由な中で適切な身なりや行動を考える。そうした姿に、賛同する人たちが多かったということでもあるのでしょう。

近年は、だいぶ緩やかになったとは聞きますが、その対極をなすのが校則かもしれません。ちょうど思春期に差し掛かる中高生時代は、子どもたちをルールで縛ろうとする大人と、そんな大人に反発する子どもとの対立が生じやすい時期です。その象徴ともいえるのが、〝校則〟ではないでしょうか。

文部科学省では、校則を「児童生徒が健全な学校生活を営み、より良く成長・発達していくため、各学校の責任と判断の下にそれぞれ定められる一定の決まり」と定義していま す。そして校則の内容と運用に関しては、児童生徒の実態や保護者の考え方、地域の実情などを踏まえることが大切であるとも指摘しています。

校則のなかには創立当時からずっと変わらずにあるものもあり、時代と共に価値観も変わっていく中で、そぐわないものが出てくることも当然です。また、なぜこうした校則が必要なのか、説明が難しい不条理なものもあります。

理不尽な校則は〝ブラック校則〟と呼ばれ、インターネットなどでも公表されています。たとえば「下着は白でなければいけない」「ポニーテールは禁止」「地毛証明書」「キーホルダー禁止」などがありました。

近年の話題になったものとしては、今の若者たちに流行りの髪型である「ツーブロック」を禁じる校則が、都議会で議論となったことがあります。二〇二〇（令和二）年七月の都議会で都立高校の校則のなかにツーブロックの髪型を禁じたものがあり、「なぜツーブロックはダメなのか」という質問をある議員が投げかけました。それに対して東京都の教育長が「外見などが原因で事件や事故に遭うケースがあるため、生徒を守る趣旨から定めている」と回答し、インターネットなどで反響がありました。その多くが、ツーブロックという髪型をすることで、事件や事故にまきこまれるという理由を疑問視するものでした。ＳＮＳなどでも大きな話題となったこともあってか、翌二〇二一（令和三）年度にはすべての都立高校でこの校則が廃止されたということです。

私は長年、青少年の成長を見守ってきましたが、厳しい校則が青少年の健全な発達を促しているとは思えません。現実に非行に走る若者たちがちゃんと厳しい校則を守っていたとしたら、非行には走らなかったとは断言できないからです。

私はむしろ校則は大まかなルールを決めるだけでよく、細かなことは生徒個人の判断に任せるべきだと考えています。それでは自由勝手になりすぎて、学生の本分を忘れてしまうのではないかという意見に対しては、親の役割を改めて見直してほしいと思います。

今の親は、子どものことに関して、何でも先生に任せ、学校の責任にする傾向が強く、子どもに何かあれば学校にクレームを入れに来るという話もよく聞きます。

それは、親が子どもに対して親の責任を放棄していることにはならないでしょうか。小学生、中学生、高校生になれば、それぞれの立場でやっていいこと、やってはいけないことをきちんと理解できるはずです。それを教えるのが親の役割です。

校則で子どもをがんじがらめにするのではなく、正しい、正しくないをきちんと教える親の役割がまっとうできれば、校則（ルール）などにしばられることがなくてもまっすぐに生きられるはず。

〝子育ては親育て〟という言葉があるように、親子が共に成長しながら正しい社会を作っていくことが、本来のあるべき姿だと私は思います。

第六章　高齢化時代を生き延びる

安心して老後を過ごすには

間もなく訪れる二〇二五年。日本の社会の中で大きく人口が膨らむ団塊世代が後期高齢者に突入するこの年に前後して、社会保障費の負担増や人材不足が深刻化するといわれています。現在、後期高齢者あるいは前期高齢者の方々は、特にこの厳しい時代を生き抜かなければならないという現実があります。

限られた財源、限られた介護施設、限られた福祉サービス、限られた介護職人材に対し、増大する高齢者人口。自分の老後は大丈夫だろうかと不安になるのも当然です。しかも年を取ればとるほど心配事は増えていきますから、思いついた今この時その時に、これからの人生について考えることが大切です。そしてその悩みを少しでも軽くしていくための努力を重ねましょう。

安心して老後を過ごすためのポイントは、なんといっても情報収集です。ここ何十年間で高齢者の福祉サービスは大きく変化しています。あなたが今持っている知識も、もう時代遅れかもしれません。常に最新の知識を吸収し上書きしていくことが求められる時代なのです。

高齢者人口の増加と社会保険料の増大にどのように対応していったらいいか――。国もその正解が見つからないのか、制度も多様に変化しています。それに完璧に対応するのは難しいかもしれませんが、自分が思い描く老後にとって必要なものは何か。どのようなサービスを求めているのか。そのためにはどのような制度や施設があるのかなど、まず知ることはとても大切です。

また、老後の問題は一人では解決できないものも多いです。そんな時にどこに行って、誰に相談すればよいのかなど、公的な窓口についても事前に知っておくとよいでしょう。

高齢の方の中には、「考えたって仕方がない」「そうなったらそうなった。どうにかなるさ」と、高齢になった自分の将来など考えたくないと見て見ぬふりをして、あるいは娘や息子を頼りにして、その迷惑も顧みずに他力本願になっていませんか。そしてむだに時間を過ごしていたりはしませんか。

私自身も、もうすぐ八十八歳になりますが、実はこんな未来を思い描いています。

八十八歳の誕生日――盛大に〝米寿〟のお祝い。感謝の日。
誕生日の翌日　――昨日はありがとう。床に就くから一週間そばにいて。
誕生日から二日目――みんなにご苦労かけたな、財産残せなくて堪忍。
誕生日から三日目――お墓は〇〇霊園に作ってあるからよろしく。
誕生日から四日目――葬儀は、家族葬でお願い。葬儀代は預金してあるから。
誕生日から五日目――みんな楽しく、仲良く、良い人生を送ってね。
誕生日から六日目――八時だよ、全員集合。世話になったな、極楽往生。

生涯現役、ピンピンコロリ。いいですねぇ。私は長野県佐久市にあるぴんころ地蔵にもお参りして、そんな人生を祈願していますが、さてこの願いは適いますかどうか……。もしこの願いが適わなかったら困りますので、やはり準備もしっかりしておきたい。高齢者施設の問題など、高齢者を取り巻く状況はけっしてバラ色の未来ではないかもしれませんが、だからこそ当人である私たちに何ができるか……。今ある現実を知って、自分の未来はどうあるべきかを考えることは、納得する人生を全うするためにも必要です。

認知症予防サロンのススメ

高齢者の最大の課題は、いかに健康寿命を延ばすか。その一言に尽きると思います。その先にようやくピンピンコロリの人生の実現があります。年をとっても元気な身体と頭でいることこそが、私たちの何よりも大きな目標といえましょう。

人に迷惑をかけず、自分のことは自分でできる、時には少しでも人のお役に立つことができれば幸せです。しかしなかなか自分が思い描くようにはいかないのもまた人生です。

団塊の世代が仲間入りして、これからどんどんと高齢者が増えていく中で、社会に迷惑をかけずに天寿を全うするためには自助努力が欠かせません。特に団塊世代の男性は、日本のいちばん元気な時代にバリバリ活躍したサラリーマンが多く、反面、家庭では存在感が薄く、定年退職後はやることもなく、会話もなく、枯れすすきのようになってしまう人もいます。人との接触が少なく、内にこもりがちの生活をしているとうつの症状が出たり、認知症になりやすい傾向にあるとも言われているので要注意です。

そこで注目したいのが、先に二章で紹介した〝サロン〟です。特に高齢者向けの認知症予防のための高齢者サロンの活動が、近年とても元気です。

高齢者の集い・通いの場としての『高齢者サロン』は、介護予防事業のひとつとして、全国的に取り組まれています。

全国社会福祉協議会が中心となって、高齢者がいきいきと暮らすための地域の活動の場として「ふれあい・いきいきサロン」事業が全国的に推進し、地域住民が主体となって運営・参加を行い、高齢者であればだれでも参加できる地域交流の場が高齢者サロンです。

高齢者サロンは気軽に集え、無理なく楽しく通い続けられ、自由に参加できる場です。

高齢者サロンは、高齢者であればだれでも参加できます。地域の民生委員や自治会の役員、ボランティアなどの地域の住民が主体となって運営し、市の社会福祉協議会などの福祉関係機関も支援しています。場所は地域住民が歩いて気軽に立ち寄れることのできる、地区の公民館や集会所、個人宅などが主な開催場所となっています。また、費用をかけずに楽しむことを基本としていて、参加費を募る場合は参加者の負担にならないような金額を設定をすることを心がけます。

高齢者サロンの効果としては、「楽しみ、生きがいを見出し、社会参加への意欲が高まる」「仲間・居場所をつくり、閉じこもりを防ぐ」「介護予防、認知症予防になる」「生活にメリハリが生まれる」「自分の健康に関心を持てるようになる」などのメリットがあると言われています。

高齢者サロンの活動内容の例としては、囲碁や将棋、ゲーム、カラオケやストレッチ、太極拳、ヨガ、パソコン教室、撮影会、寺社巡りなど、趣味や関心ごとを楽しむものから健康づくりなどさまざまです。

こうした取り組みは全国で行われていますので、ぜひ自分の暮らす地域での活動を調べて、チャレンジしてみてはいかがでしょう。

高齢者施設の種類

できれば人生の最後は、自分の家の自分の部屋の自分の布団で、家族に見守られて息を引き取りたい。そう願う人がほとんどではないでしょうか。しかし現実はなかなか厳しい。高齢になって食事や毎日の暮らしに不安が出てくれば、施設にお世話になるという選択も出てきます。

かつては高齢者施設といえば特別養護老人ホームなど限られた施設で、数も少なく、入所が難しいというのが一般的でした。しかし国の制度も徐々に変わり、さまざまな事情をもつ高齢者に対応し、異なる支援や環境を整えた老人施設が誕生し、多くの高齢者を受け入れています。

主だったものとしては、次のようなものがあります。

●特別養護老人ホーム

都道府県の指定を受けた定員三十人以上の施設。原則として要介護3以上の人が入所でき、施設で生活しながら生活援助や身体介助、機能訓練、療養の世話などが受けられます。最期の看取りもしてくれます。

●介護老人保健施設（老健）

日常生活の支援と、医師・看護師による医療サービス、理学療法士等によるリハビリテーションを受け、在宅復帰をめざす施設。要介護1以上で、病状が安定していて入院治療の必要がなく、リハビリテーションを必要とする人が入所できます。

●介護療養型医療施設

状態は比較的安定しているが、長期療養が必要な、要介護1以上の人が入所できます。日常生活の支援、リハビリテーション、療養の世話などが受けられます。医療制度改革により、二〇二四（令和六）年三月の廃止が決まっています。

●介護医療院

長期的に療養が必要な要介護1以上の人が入所でき、日常生活の支援やリハビリテーション、療養上の世話などが受けられます。看取り介護、ターミナルケアも重視しています。

●**有料老人ホーム**

民間の会社が経営する高齢者を対象とした施設。介護付き、住宅型、健康型の三つのタイプがあります。

●**サービス付き高齢者向け住宅（サ高住）**

高齢者向けの賃貸住宅。バリアフリー、安否確認と生活相談サービスなど、高齢者が安心して暮らせる一定の機能が義務付けられた施設。原則六十歳以上の要支援・要介護認定を受けている人が対象です。

●**グループホーム**

認知症のために自宅での生活が困難な人が入居する施設。要介護１以上の人が入所できます。定員は五〜九人と小規模で、家庭的な雰囲気の中で生活できます。

●ケアハウス（軽費老人ホーム）

家庭の事情などで、自宅での生活や一人暮らしが困難な高齢者のための施設。

●養護老人ホーム

身体上、精神上、環境上の理由や、経済上の理由などで自宅での生活が困難な高齢者のための施設。

正しい高齢者施設の選び方

高齢者施設選びの問題は、誰にでもいつなんどき、突然起こりうるかはわかりません。「実家で一人暮らしをしていた母親が脳梗塞で倒れた」「同居する認知症の父が徘徊をして、介護する家族は夜も眠れない」「夫が倒れて半身不随になってしまった」などなど、予測できないことが起こります。

また、「子どもが独立して夫婦二人になったので、食事などの手間がない老人ホームでゆったり暮らしたい」「八十歳を過ぎたら、高齢者施設で暮らした方が安心できる」など、ご自身で高齢者施設に暮らすことを望む選択肢もあります。

高齢化の時代を迎え、日本は介護保険制度を導入して福祉を充実させ、数多くの高齢者向け施設が誕生しました。ちなみに名古屋市では『介護保険・介護サービス事業者ガイドブック　ハートページ』という冊子が毎年発行されています。ここには自宅で利用する施設（訪問介護・訪問入浴介護・訪問看護・訪問リハビリテーションなど）から、通える施設（デイサービス・デイケア・認知症デイサービスなど）、入所できる施設（特別養護老人ホーム・老人保健施設・グループホーム・有料老人ホームなど）が掲載され、名古屋市内だけでその数は千四百余りにもなります。

身内で介護が必要となり、施設を探す状況になった時、あふれんばかりの情報に戸惑いを隠せない人も多くいます。なぜなら、公的機関はどこの施設がいいかは教えてくれないからです。公的立場の方々は、業者を平等に扱う見地から、良い施設、悪い施設の認識はあったとしても、それを利用者には教えてくれません。またケアマネージャーの立場の人たちにも、それぞれの事情があります。できるだけつながりのある施設やサービスを利用してほしいという思いから、利用者や家族にとってのベストではない選択もあり得ます。

だからこそ当事者である自分たちが、施設を〝選ぶ〟目を養うことがとても重要となることを、ご理解いただけるでしょうか。

そうは言っても専門家でない一般市民が、最適な施設を見つけ出すことは至難の業、のように思えますよね。私自身も経験したことがありますが、たとえば見学に足を運んでも、表面的な部分しか見えず、本当に知りたいことがわかりません。

そこで判断の基準の一つとしてぜひ覚えておいていただきたいのが、『福祉サービス第三者事業』という取り組みです。

『福祉サービス第三者事業』とは、保育所、指定介護老人福祉施設（特別養護老人ホーム）、障害者支援施設、社会的養護施設などにおいて実施される事業について、質の高い福祉サービスを事業者が提供しているかを、公正・中立な第三者機関による専門的・客観的な立場から評価する仕組みです。

高齢者福祉の第三者評価の共通評価基準としては、理念・基本方針、経営状況の把握、事業計画の策定など組織的・計画的取り組みから、組織の運営管理、適切な福祉サービス、福祉サービスの質を確保するための取り組みなどが実施されているかを、調査員が細かくチェックしており、その結果はホームページでも公表されています。

一項目ごとに調査員がＡＢＣの評価と、細かなコメントが書かれていますので、限られた時間に見学に行って、責任者とお話をする程度では得られない情報を入手することができます。

現在、第三者評価は社会的養護施設（児童養護施設・乳児院・母子生活支援施設・児童心理治療施設・児童自立支援施設）では二〇一二（平成二十四）年度から三年に一度の受審が義務化されています。高齢者の介護施設での受審は努力義務ですが、こうした審査に前向きに取り組む施設こそ評価されるべきでしょう。

私は長年、福祉サービス第三者評価事業の評価調査員としての経験があります。一般的にはまだまだ知名度の低い事業ですが、とても重要な取り組みですので皆さんにはぜひもっと活用していただきたいと思います。

高齢者施設を訪問してみよう

身近に入りたい高齢者施設や興味のある施設が見つかった時には、入所を決める前にまずは一度、直接その施設に足を運ぶことをおすすめします。その際に、相手も忙しいだろうからと気を使って、電話を入れて訪問を約束――。いえいえそれでは施設の本当の姿は見えてきません。あなたやあなたの大切な家族の人生の最後の住処になるかもしれない場所です。ちょっと無理強いしてでも、突撃訪問。これが正しく施設を判断するためのチャレンジです。

できれば高齢者施設を訪問する際は、軽装で、突然訪問し、「入所を検討しているので、見学させてくれないか」とお願いしてください。

※ただしコロナ禍以降、外部の人の訪問は厳しく規制される傾向にあるので、断られる状況も多くなりました。

【高齢者施設訪問時のチェックポイント】

①訪問して玄関・建物の前での第一印象

解放されていたら――

●入って何を感じるか

●職員の対応はどうか（笑顔、話し方、好感はもてるか）

●環境、広さはどうか

●掲示物を見る

施錠されていたら――

●インターホンを押して返ってきた第一声は

●簡単に鍵が開けられるか

●非常時にすぐに出られるか

●掲示物を見る

②管理規定・重要事項説明書の請求

●いただけるか、いただけないか

●対応する際の表情は

③施設管理者への面会を希望する
●会っていただけるか、いただけないか
●会えない場合の理由は
④施設見学をお願いする
了承されたら次のことを確認する
●掲示物＝理念・基本指針・苦情処理・個人情報・面会規定
●防災対策＝消火栓・消火器・火災報知機・火元責任者の表示
●環境＝個室・食堂・団らん室・多目的室・風呂設備・スタッフ室・廊下の広さ
●日課＝催し・リハビリ用品・レクリエーション・テレビ
●活動＝サロン・地域交流・ボランティアの受け入れ
●行政との連携、各種団体等との連携
●第三者評価の有無

その他にも、室内の掃除は行き届いているか、職員や利用者の表情や様子など、その施設の普段のありのままの姿にこそ、施設の真実のすがたと思います。

これから続く日常をこの場所で過ごしていいかどうか、大切な決断のためには、よそいきの姿だけではなく、本来の姿をできるだけ感じられるように努力をすることをおすすめします。

また、施設選びの判断はなかなか独断では難しいので、一人で悩まずに、家族や専門的な知識を持つ人に相談することも必要です。私も高齢者施設選びの相談者として、数多くのお悩みに応えてきました。

高齢者施設で起こる問題

一年ほど前、私が暮らす地元の特別養護老人ホームで、利用者の八十一歳の女性に暴行を加えて死亡させたとして、三十代の元職員の男性が逮捕されました。この元職員は取り調べに対して利用者を暴行した理由を「イライラしていた」という趣旨の供述をしていたそうです。当日、元職員は夕方から朝までの夜勤時間帯に、個室フロアを一人で担当していたといい、そうした状況の中で事件は起きました。

もちろん元職員のしたことは許されざることです。ですが子ども園での保育士の虐待と同様に、施設側の問題はないでしょうか。こうした虐待を見逃さない体制作りと、ストレスをためずに働きやすい環境づくりなど、理事会は正しく機能していたかと疑問を感じます。

乳幼児の施設も、高齢者施設も、共に人の命を預かる責任ある職場ですが、同様の問題が隠されているような気がします。

こうして表立って起こる事件や事故は氷山の一角で、外部には漏れないまでも閉鎖的な環境にある施設の中で、さまざまな出来事が起こっていると捉えるのが自然でしょう。特に高齢者施設においては（乳幼児施設でも同様ですが……）、実際に利用者が被害に遭ったり、理不尽な出来事に遭遇しても、それを声に出したり、直接的にアピールすることが難しいことも考えられます。また、家族が被害に気づいても、この施設から追い出されては困ると口をつぐんでしまう場合もあるのではないでしょうか。

私はこのような問題が起こる原因の一つが、職場の厳しい労働環境にあると考えます。職員の働く環境はどうか、福利厚生は整っているかなど、問題があればそうした改善も必要です。また老人福祉法などの法律によって、高齢者施設の人員配置の基準が決められていますが、この基準を満たしていても、とてもゆとりのある介護が実現できていないのが現状です。国の基準見直しも強く求められます。

私たちが安心して使える健全な高齢者福祉施設を実現するためには、どうしたらいいのでしょうか。私たち自身がこの問題に関心をもって、きちんと向き合うことがまずできることなのではないでしょうか。

変わり始めた世界の老人ホーム

コロナ禍で気軽に海外へといけない状況が数年にもわたって続いていますが、今はインターネットを介して世界とつながれる便利な時代でもあります。パソコンで福祉関係の記事を探していた時に、素敵な老人ホームを見つけたので紹介しましょう。

日本の子ども・子育て領域の課題に取り組む認定ＮＰＯ法人の「フローレンス」のホームページにある、オランダ視察レポートで、ある高齢者施設が紹介されています。

「ホーフウェイ」と呼ばれる認知症の高齢者の方々が暮らすその施設は、認知症を患う高齢者の人たちに、その意志を尊重し、生活の、人生の質を高めていくことをコンセプトとして生まれたそうです。

具体的には認知症の高齢者が暮らす施設を、病院や老人ホームのように単一の建物や施設内で閉じるのではなく、ビレッジ型と呼ばれる一定のエリア内で居住する、住居と買い物やレクリエーションができるお店などを併設して作られたそうです。住居では六〜七人の入居者が、介護スタッフや家事を担当するスタッフのサポートを得ながら共同生活を送ります。ホーフウェイにはこうした共同住宅が二十七戸あるそうです。

また、入居者はエリア内で、買い物をしたり趣味の活動をしたりと、可能な限り本人の意志と選択が保障されています。認知症患者を自由に歩き回らせたら危険ではないか。日本人ならそんな発想になりますが、ここでは「認知症の人にも、その人のやりたいことはある。自己決定できること、本人の自由を保障することが大事で、それがクオリティ・オブ・ライフにつながる。大切なのは、病気ではなく、人間なのだから」という考え方がベースとなっているのだといいます。

現在では同様の考え方で作られた高齢者施設が、オランダ国内に八カ所もあるというのですから素晴らしいですね。

さらにAERAのニュースサイトでフランスにも、アルツハイマー村と呼ばれる施設が開設されたことを知りました。

パリから三時間半ほどの距離にあるダクスという街にある、認知症の人たちが暮らす施設で、約五ヘクタール（東京ドーム一個分の広さ！）の敷地に認知症の人たち約百二十人が生活し、約百二十人の医療スタッフと、約百二十人のボランティアがサポートしているのだそうです。

二〇二〇（令和二）年に開設されたというこの施設は、オランダのホーフウェイが参考にされており、村には居住棟の他にも、レストランやミニスーパー、図書館、美容室、イベント用の会場、外部の人も利用できるクリニックなどがあり、もともとあった景観を生かした自然豊かな村となっています。

入居者の靴底にＩＣチップを埋め込んだり、ガラス張りの開口部を多くして死角をなくしたりと、リスクを回避するための工夫も各所にされているとのことです。

オランダ、フランスだけでなく、認知症の高齢者の方たちが自分らしく過ごせる村づくりは、イタリアやオーストラリア、ノルウェー、カナダ、イギリスなどでも取り組みがはじまっているそうです。

超高齢化社会の先駆者でもある日本ですが、このように高齢者の人権を大切に考える取り組みはとても参考になると思います。

私が思い描く理想の老人ホーム

日本では認知症の高齢者が入居できる介護施設としてグループホームがあります。グループホームは一施設当たりの定員が九人以下と小規模で、入居者三人当たり一人の割合で介護者が付き、二十四時間体制で見守るなど、手厚い支援を受けることができます。しかし認知症患者だけが集められ、閉鎖的な施設の中で毎日を過ごす環境は、けっして当事者にとって幸せなものではないように感じます。

私はこれまで福祉サービス第三者評価調査員や福祉コンサルタントの経験を重ね、さまざまな老人ホームをみてきました。さらに今回、オランダやフランスでの事例から学び、自分なりに思い描く、理想の老人ホームを考えてみました。

これまでの介護老人福祉施設では相部屋が中心の施設が多くみられますが、個人のプライバシーを尊重し、個室と共同生活室で構成されるユニット型の施設こそが求められると思います。個室には一人部屋と夫婦部屋の二タイプを用意して、一人でも、夫婦でも利用できるようにします。建物の構造も個人宅の感覚とご近所さんのようなつながりを大切にして、各部屋には中庭に向けて縁側のようなスペースを設け、バルコニーごしに他の部屋にも行けるようにして交流を深められるようにします。みんなで集えるように、公園のような出入りが自由なホールスペースも用意します。

介護・認知症予防対策として、自立した生活を主眼に置いた利用者それぞれに合った独自のカリキュラムを作り、それを日課にしてもらいます。また、施設に入れば食事作りや掃除、洗濯はすべてお任せというのではなく、介護者と共に家事などの作業もして、家庭らしい日常の生活を過ごしてもらいます。

また、共有スペースとして、リハビリ用のマシーンを整えたリハビリ室や、趣味や娯楽を楽しめるように娯楽室を充実させましょう。

さらにこれまでの老人ホームとは大きな違いとして、地域の人たちと共有できる施設を作ります。地元の人たちも気軽に活用できる日帰り温泉、コインランドリー、さらに飲食店などにも入ってもらい、地域の方たちが気軽に立ち寄れる場所にしてもらいます。

老人ホームの利用者も自由に活用できる施設にして、施設利用者と地元の人との交流を深めます。

高齢者サロンを開催し、老人ホームの入居者と地域の高齢者の方たちが一緒にサロン活動をして、仲間づくりをしても素敵です。日中、一人で過ごしている人、地域で孤立している人も、高齢者が集う場所ができれば自然と呼び寄せることができるのではないでしょうか。だれでも自由に足を運べるような、そして足を運べばいつも楽しい出来事が待っているような、そんなオープンな高齢者施設はいかがでしょう。

こんな夢のような老人ホームがあったらいいのになぁ。私も入りたいなぁ。と思いませんか。同様の事例が海外ではどんどんと増えています。私たちも声を上げて、理想の老後に近づけられればいいですね。

第七章　未来に残したい思い

「エスカレーター運動」から思うこと

私の長年のライフワークともいうべき活動の一つに、「エスカレーターは歩かずに、止まって乗ろう」という運動がありました。駅やビルなど、都心に出ればあちらにもこちらにもいくつものエスカレーターがあります。足腰に不安がある私たち高齢者にとって、階段の上り下りは一苦労。エスカレーターは外出時の高齢者の頼れるパートナーです。

ところがここ何十年、エスカレーターは止まる人は左側（関西では右側）に寄って、反対側は歩く人のために空ける、というのが暗黙のルールとなっていました。

ところがこれが本当に危ない。高齢者や子ども、障害者など、足腰が不安定な人はすれ違いざまにちょっと押されただけでも、バランスを崩して落ちそうになってしまうことがあります。

本来エスカレーターは止まって乗るもの。このルールを徹底してもらうための活動を初めて起こしたのが私です。この活動を理解してもらうために冊子を作り、地下鉄の駅やJ

Rの駅に足を運び、職員の方たちに話を聞いてもらいました。その後、私が出向いた鉄道会社では、エスカレーターでは歩かないようにとお客さんに声掛けしたり、注意喚起するポスターを駅に貼ってくれるようになりました。

また、近年では日本エレベーター協会と全国の鉄道事業者各社で、エスカレーターでは立ち止まろうというキャンペーンを行うなどの取り組みにも、力を入れてくれるようになりました。

それでも身についた習慣というのはなかなか治らないものです。さらに同調圧力というか、寄らば大樹というか、公共の場においてこれまでみんながやっていたことを自分から変える勇気は多くの人にはありません。立ち止まる人が歩く人のために一方を空ける習慣は、なかなか改善することはありませんでした。

そうした中、ようやく念願叶って名古屋市は二〇二三（令和五）年三月、エスカレーターでの事故を防ぐため、歩かず立ち止まって乗ることを利用者に義務付ける『名古屋市エスカレーターの安全な利用の促進に関する条例』が名古屋市議会で成立しました。条例では、「エスカレーターの利用者は、右側か左側かを問わず、エスカレーターの踏段上に立ち止まって利用すること」と、「エスカレーターの管理者等は、利用者に対して、立ち

エスカレーター

下りは、危険です

「乗ったら、つかまる！」が
エスカレーターの基本です。

危　　険

プラットホームから降りるエスカレーターで、
急いで降りる人に後ろから押され落ちそうに
なった。手すりにしがみつきかろうじて難を逃…

会議場の下りエスカレーター降り口付近で、
女性3人が転倒。頭などを打ち、2人が重傷。
1人が頭や腰などにけがを負った。セミナーが終…
降りた人が滞留し、後続の人と衝突する

2階からM3階への上りエスカレーター上部降
り口にて、エスカレーターの欄干部と
転落防止用仕切板の間に左腕を挟み
骨折した。
エスカレーターと天井等の間に身体が挟まれる

まだ、守っていただけない方が、います。危険を感じたら、皆様にお知らせしましょう。
地域の交通安全、ゴミ問題、防災・防犯、子どもたちの健全育成
総合的な、地域安全・町作り、安心して住める地域の計画案を提案しています。

名古屋福祉コンサルタント協会

止まった状態でエスカレーターを利用するよう周知しなければならない」ことを義務づけています。罰則規定はありませんが、条例が施行されることで周知され、名古屋のまちに変化が起こることを期待していますが、どうなりますか……。

ちなみに条例制定は、都道府県と政令市では埼玉県に続き二例目。二〇二一年に施行されましたが、一年ほどでその効果が薄れて以前の状態に戻ってしまったようです。

私は以前、台湾やスウェーデンを視察したことがありますが、エスカレーターではみんな歩かずに立ち止まっていました。特にスウェーデンでは地下に降りる下りの長いエスカレーターがあり、吸い込まれていく恐怖のようなものを感じました。身の危険を感じることこそが、危険な行為をやめさせるもっとも有効な方法なのかもしれません。

さて、私が十年以上にもわたってエスカレーター運動を続けてきて、気がついたことがふたつあります。

ひとつはまちの安全についてです。エスカレーターの危険性を考えていた時に、ある光景を目にしました。エスカレーターにベビーカーを乗せて子どもを運んでいるお母さんの姿です。とても危ないことだと思います。ですがお母さんも困っています。階段とエスカレーターしかないから、ベビーカーを持ち上げて階段を上るか、エスカレーターを利用するかです。どなたかに声をかけて手助けしてもらう方法もあるかもしれませんが、皆さんせわしなく歩いています。

また、近年はインバウンドで海外からの旅行者も増え、大きなスーツケースを持ったままエスカレーターに乗る人も見受けられます。ちょっと手を離せば大きなスーツケースが転げ落ち、大きな事故にもなりかねません。

大人も子どもも高齢者も、子どもを連れたお母さんお父さんも、障害者の方たちも、皆が安全にまちを歩けるようにするためには、階段、エスカレーター、それにエレベーターを併設した三点セットが必要だということに気づきました。

いろいろな人が利用する公共の場では、ぜひ三点セットのご用意をお願いしたい。全国の知事さん、市長さん、ご検討のほどを――。

さてもう一つ、私が長年「エスカレーターを歩くのは危険です」と機会があれば声に出し、時には関係各所に足を運んで伝えましたが、なかなか世の中変わらない。正しいことのはずなのに、どうして伝わらないのだろうと考え続けてきました。今回、全国で二ヵ所目の条例制定ですが、はたして名古屋のまちは変わるでしょうか。

良いと思っていること、正しいことでも、世の中はなかなか変わりません。頑張って声を上げても、これまでの習慣という壁に大きく立ちふさがれてしまうことが多くあります。世の中は簡単には変わらない。それでも正しいと思ったことは、やり続ける、訴え続けるしかないのです。

私はこれまでさまざまなボランティア活動を通してたくさんの人と出会ってきましたが、社会を良くしたい、社会のために自分にできることがあれば積極的に取り組みたいと考えている人たちはたくさんいます。

そうした人たちと力を合わせて何かができればいいなぁと思います。大切なことは、同じ思いをもつ仲間を増やしていくことです。

エスカレーター運動は、『名古屋の世話焼きおじさん　ボランティアを語る』（アマゾンで購入できます）で紹介しましたが、平成二十年五月に取り組みました。

「地域委員会」から学んだこと

もともと日本は村社会で、地域の人と助け合うことで自分たちの暮らしを成り立たせてきました。しかし日本の社会が豊かで便利になるにつれ、他人の力を借りずとも自分は一人で生きていけると考える人が増えてきたように思います。そうした個人主義が、地域の力を弱くしてしまっているのではないでしょうか。

また近年は、公共的な取り組みを自治体任せにする傾向も強くなっているような気がします。たとえばかつては家の周辺のどぶさらいや草刈りなどは、ご近所総出でみんなで汗をかきながらしたものでしたが、そうした習慣も消え去りました。何か困りごとがあればお役所に連絡をして、対処してもらうことが当たり前。もし自分の意見を聞いてくれなければ、クレームの対象となってしまいます。

しかし今後、少子高齢化が進み、労働人口も減り、地方自治体の財政事情も厳しさが増すと予想される時代の中で、こうした自治体頼みでは立ちいかなくなるのではと案じています。

ではどうしたらいいか――。私は以前、一つのヒントに出会いました。

それはアメリカのロサンゼルスで実際に行われていた市民活動の取り組みです。ロサンゼルスでは〝地域のことは地域で決める〟という理念のもと、投票で選ばれた市民が地域課題を解決するために公開の場で話し合い、市から予算の提供を受けて活動する、という取り組みを行っているそうです。

これを参考にして名古屋市でも、市民が中心となって行う活動を自治体が支える取り組みをしようという活動が立ち上がり、私も名古屋市で実施された説明会等に出席してその活動を見守りました。

「地域委員会」と名付けられたその活動のねらいは、地域のことを地域で考え、みんなで議論して、地域の困りごとなどをあぶりだし、地域をより良くすることです。

名古屋市ではモデル事業として二〇〇九（平成二十一）年から取り組みをスタートし、翌年にはモデル地域が決まり、委員の選出、市議会で地域予算案も可決しました。

しかしその後、このモデル事業は成功したと言い難く、残念ながら二〇一四（平成二十六）年に終了しています。この取り組みが失敗した理由はいくつかありますが、私がこの経緯を見ている中で、特に問題に感じられたのは、市が財源や権限などを渡さなかったことにあったのではと考えています。ロサンゼルスの例では、市民が考え取り組みに対して自由にお金を使える権限が与えられていましたが、市の地域委員会では市民にそうした権限は与えられませんでした。

本来、こうした取り組みをするのであれば行政は見守りに徹し、お金と権限を市民にゆだねることで、市民は自分たちで考え、責任をもって取り組むのではないか。行政がトップに君臨し、一つ一つお伺いをしながら取り組む活動では、本当の意味での市民参加とは言えません。

しかし、今回の取り組みは失敗に終わったとしても、その可能性は十分に見えてきたといえます。それは住民が中心となって、住民が考える、この地域にとって本当に求められることを住民自らが動いて実現する、ということです。

そうすれば必ず、自分たちが暮らすまちがいい方向に行くはずです。なぜならそれをまちに暮らす当事者である市民が求めているからです。

そんな地域委員会ができたらいいなぁ。名古屋市の失敗から多くの人が学び、私が思う地域委員会に賛同してくれる人が増えることを望んでいます。

これからの日本のために

日中戦争の時代に生まれ、八歳で終戦を経験した私にとって、日本はまさに荒波のような良い時も悪い時も経験しながら、それでも生き延びて今ここにあるように感じます。

戦争ですべてを失った日本はそこから猛烈に立て直しを図り、好景気の時代があったり、厳しい冬の時代があったり、さらに大きな自然災害で何万人もの人の命が失われました。近年でいえばコロナウイルス感染症のパンデミックで人々の交流が失われ、そしてロシアのウクライナ侵攻があり、こうした八十数年を生きてきて、改めて幸せとは何かを考えさせられます。

今ここに命があることの奇跡を感謝しつつ、これからの日本が平和であるように、自分の残された人生を捧げたいと思うのです。そして私のように考える日本人は、けっして少なくないはずです。

これからの日本が平和であるために、私たちができること。そのいちばん大切なことは子どもたちの健やかな成長を支えることではないでしょうか。子育てはけっして親だけの責任ではありません。私たち大人たちのたくさんの目で見つめ、関わり合うことで良い大人に育てていくのです。

子どもたちを国の宝として大事に育てていくことが、日本の未来を明るくしてくれます。また、子どもたち、青少年たちを健全に育成していくためには、良い環境というものも大切です。安全・安心なまちづくり。人々が生き生きと過ごせるまちづくりもまた、平和な日本へとつながっていくことは間違いありません。

私がこの本の中で紹介した国や自治体の施策や制度はほんの一部分にしかすぎませんが、そのめざすものはけっして間違っていないと思います。私たちはもっと国や社会がめざすものを理解して、市民の一人として努力していくことが大切なのではないでしょうか。

もう一つ、日本の未来のために力を入れたいことはボランティアの育成です。日本国内では年々大きな自然災害が発生し、消防や警察、自衛隊などが救助にあたるも、それだけでは到底処理しきれない状況になっています。そうした際に駆けつけてくれるボランティアの方たちが、被災者の力になっています。高齢者である私はなかなかそうした支援には駆けつけることはできませんが、こうした姿を見るにつけ、共に助け合う日本人の姿に感動し、自分もできることをしようと気持ちを奮い立たせます。

ボランティアの芽は着実に日本社会に根付いています。ボランティアのやりがい、喜びをより多くの人たちに感じてもらえるようなネットワークづくりや育成のための組織、また国からの財政的な支援を行い、より豊かな活動につなげていけば、日本の大きな力になっていくでしょう。

この日本に住んでいて、日本の幸せを望まない人はいないでしょう。私たちはその思いをもっと声に出し、行動につなげ、平和な日本の一助になることを大きな喜びにしたいと思います。

おわりに

〝燃え尽き症候群〟という病気をご存じでしょうか。その言葉通り、これまであった熱意ややる気がまるで燃え尽きたかのように消失してしまう状態のことで、バーンアウト症候群とも呼ばれます。もともと意欲があった人が突然やる気を失ってしまうため、周りの人も「あんな熱意があった人がどうして……」と戸惑うことも多いのだそうです。

燃え尽き症候群は、もともと一つのことに熱して執着しやすく、ストレスを抱え込みやすい人が、仕事などで正当な評価を受けられていないと感じたり、人間関係がうまくいかなかったり、またしっかりと休息が取れていない時などに症状として出やすく、脱力感が生じてきて消耗感が強まるのが特徴です。

実は最近、私も突然この燃え尽き症候群の症状に襲われ、急に何もかもやる気が失せてしまいました。

もともと十八歳の時から児童福祉の世界で働き始め、我が子の成長と共にＰＴＡ、子ども会など近隣との関わりが広がっていき、その後は青少年育成の問題にも取り組むなど、仕事の範囲を超えて社会のためにフル回転で活動を続けてきました。定年退職後はボランティア活動に取り組み、子どもの見守り運動から高齢者のサロン活動や、福祉コンサルタントとして老人施設の選び方まで、自分にできることで人のためになることなら、何でも積極的に取り組んできました。

人生、毎日が充実した日々の中で、前向きに頑張ることに喜びも感じていました。ところがまるで予想もしていなかった感染症が世界中で蔓延し、これまでの活動のほとんどがストップせざるを得ませんでした。

ボランティアで訪れていた高齢者施設も、仲間たちとのサロン活動も、福祉コンサルタントとしての活動も、一時期はすべてがストップしてしまいました。これまでフル回転で生きてきたからこそ、何もできない無力さに心がむしばまれて、燃え尽き症候群になってしまったのかもしれません。

何ヵ月間かボーっと過ごしていた時にふと、かつて行っていた「あいさつ運動」のことを思い出しました。私は六十七歳の時にこれまで住み慣れた土地を離れ、新しいまちに移り住みました。その時に近辺にはまったく知り合いがおらず、我が家で飼っている犬の朝晩の散歩だけが気分転換でした。それでも新しく暮らし始めた土地では皆さんは、私以外のご近所さんともほとんど交流がないようでした。たがいにすれ違ってもあいさつの習慣がないようで、犬の散歩をしていても、すーっと横をすり抜けていくだけでした。「これじゃあちょっと寂しいなぁ……」と私は思い、最初は散歩中のわんちゃんたちに向かってあいさつをすることを始めました。「おはよう、元気かい？」「こんにちは。今日も会えたね」すると自然と犬の飼い主も笑顔になって、互いに頭を下げるようになりました。さらにいつのまにか、人間同士も顔を合わせて「おはようございます」「いい天気ですね」などと、笑顔で声を交わすようになっていました。それは私とだけではもちろんなくて、皆さんそれぞれにすれ違えばあいさつをし、ときには数匹のわんちゃんたちと一緒に、おしゃべりをするようになっていました。

私自身は飼い犬に興味がありそうに近寄ってくる子どもたちにも声をかけたりしていたので、いつの間にか知り合いの数が増え、犬の散歩に出かけると、こちらであいさつ、あちらでもあいさつ。まちの中ではあちらこちらに、楽しくおあいさつをしたり、おしゃべりをする風景が広がっていました。

誰もが黙って黙々と犬の散歩をしていたこのまちの風景が、いつの間にか変わっていた

「小さな親切」八カ条

一、朝夕の「あいさつ」をかならずしよう。

二、はっきりした声で「返事」をしましょう。

三、他人からの親切を心からうけいれ
「ありがとう」といいましょう。

四、人から「ありがとう」といわれたら
「どういたしまして」といいましょう。

五、紙くずなどをやたらに
「すてない」ようにしましょう。

六、電車やバスの中で、お年寄りや
あかちゃんをだいたおかあさんには
「席をゆずり」ましょう。

七、人が困っているのを見たら
「手つだって」上げましょう。

八、他人の「めいわく」になることは
やめましょう。

「小さな親切」運動本部

小さな親切運動「緑区」支部

のです。私のちょっとした行動が、このまちの風景を変えたのであれば、とてもうれしいことだと思いました。

そう、ちょっとした行動でも物事は変わることがある、そんな出来事を私は思い出し、空っぽになった心に徐々にエネルギーが満ちてきました。

私にもまだまだやれることはある。社会を変える一助になれるかもしれない。それがこの本を書き上げる力になったことは間違いありません。

アフターコロナの時代、すぐに直面するのは二〇二五年問題。この本をお読みになった皆様には、私たちが自らの行動で、日本の未来のためにやるべきことを一緒に考え、一緒に行動していきましょうと、お伝えしたい。

ピンピンコロリのその日まで……。

二〇二四年一月

【参考資料】

安全で快適なまちづくりなごや条例
名古屋市総合計画２０２３
なごや地域福祉２０２０
第８期名古屋市高齢者保健福祉計画・介護保険事業『はつらつ長寿プランなごや２０２３』
愛知県青少年保護育成条例のあらまし
『いまから始める地方自治』（上田道明　法律文化社）

次刊予告!!

楽しいサロン（仮）

四六判・ページ数・価格未定・2024年秋発行予定

各種「サロン」が、開かれています。平成16年に興味をもち、喫茶店の一室で「サロン」をはじめ、継続しています。楽しい「サロン」から、各方面に関係する、新しい「サロン」を紹介します。

著者プロフィール

希望多老人（きぼうたろうじん）

元社会福祉法人理事長・施設長（自称超プロ）
相談内容
・施設運営関係・有料老人ホーム（高齢者施設の現況と課題の取組）
・社会福祉法人新会計
・福祉サービス第三者評価事業.受審指導・アドバイス
・福祉サービス・外部監査（税務・社労・司法書士紹介）
・その他　福祉全般（相談・支援・指導）
・サロン支援・パソコン教室・便利屋
活動関係
・中国広州市　福祉・医療の団体「名誉顧問」
・南京市の福祉団体と、市民交流
・緑区生涯創年・生涯現役推進会
・名古屋市違反広告物追放推進員
・終活ライフケアプランナー
・愛犬飼育管理士.ペット看護士
・まちづくりコーディネーター　地域サービス向上委員会
・旅のもてなしプロジューサー
・愛知県まちの達人
・地域推進員（さわやか財団）
・人にやさしい街づくりアドバイザー
・青少年育成アドバイザー
・介護予防関係の高齢者サロンの支援
http://sekihou123.blog75.fc2.com/
http://sekihou.org/
http://sekihou.org/nankimhp/matikan/top.html

老後まで安心して生きるヒント教えます
～制度や施策を知れば、生き方も変わる～

2024年 2 月15日　初版第 1 刷発行

著　者　希望多老人
発行者　瓜谷 綱延
発行所　株式会社文芸社
〒160-0022　東京都新宿区新宿1－10－1
電話　03-5369-3060（代表）
03-5369-2299（販売）

印刷所　株式会社平河工業社

ISBN978-4-286-24566-9